普通高等教育"十四五"规划教材
会计专业校企合作业财融合系列

基础会计实验实训与案例分析

高玉莲　宫相荣 / 主　编
黄　璐　李　俊　张丽亚 / 副主编

图书在版编目(CIP)数据

基础会计实验实训与案例分析 / 高玉莲，宫相荣主编. —上海：立信会计出版社，2023.8
ISBN 978-7-5429-7415-0

Ⅰ.①基… Ⅱ.①高… ②宫… Ⅲ.①会计学－教材 Ⅳ.①F230

中国国家版本馆 CIP 数据核字(2023)第 145868 号

策划编辑　王悠然
责任编辑　郭　光
助理编辑　王悠然
美术编辑　吴博闻

基础会计实验实训与案例分析
JICHU KUAIJI SHIYAN SHIXUN YU ANLI FENXI

出版发行	立信会计出版社		
地　　址	上海市中山西路 2230 号	邮政编码	200235
电　　话	(021)64411389	传　真	(021)64411325
网　　址	www.lixinaph.com	电子邮箱	lixinaph2019@126.com
网上书店	http://lixin.jd.com		http://lxkjcbs.tmall.com
经　　销	各地新华书店		
印　　刷	上海华业装璜印刷有限公司		
开　　本	787 毫米×1092 毫米　1/16		
印　　张	15.25		
字　　数	316 千字		
版　　次	2023 年 8 月第 1 版		
印　　次	2023 年 8 月第 1 次		
书　　号	ISBN 978-7-5429-7415-0/F		
定　　价	45.00 元		

如有印订差错，请与本社联系调换

前　言

《教育部 国家发展改革委 财政部关于引导部分地方普通本科高校向应用型转变的指导意见》（教发〔2015〕7号）中指出：加强实验、实训、实习环节，实训实习的课时占专业教学总课时的比例达到30％以上，建立实训实习质量保障机制。

《基础会计实验实训与案例分析》是"基础会计"课程的辅助教材，是具体规则和概念以及规范的细节、延伸和升华，是课堂提问、课后作业、实验实训与感悟升华的蓝本和得力抓手。本教材的特色就是将职业素质、职业技能、职业分析和判断训练与培养有机结合，把"基础会计"课程教学的内容和要点，分别从基础知识积累、专业技能训练、案例分析三个维度进行训练和培养，力求使学生具备服务区域经济建设和发展的能力。具体说来，就是把"基础会计"课程的基本知识设计成相对应的单项选择题、多项选择题、不定项选择题、判断辨析题，以及专业技能训练题和案例分析题等。学生通过对既定知识要点的认证和确定，加深对相关定义、规范的理解和掌握，使职业素质和技术技能训练有了行之有效的载体，使"教、学、做"一体的职业教育理念得到了彰显和践行。

本教材具有以下主要特点。

1. 力求职业素质和技术技能的训练注重常见业务及细节

本教材本着"以服务为宗旨，以就业为导向"的要求，强化会计工作岗位的职业素质和技术技能，日清月结、进账单、差旅费报销单、产品成本计算单、会计账簿登记中的承前页、跨月业务中的结账等重难点内容都设计了相应的题目，使学生分析和处置的既定经济业务与企业实际完全一致，有助于学生顶岗、就业和发展。

2. 力求课堂练习、实验实训和感悟升华的有机结合

本教材既有客观题和单项技能训练，又有跨节甚至跨章的综合训练，除此之外，还有对应章节知识要点的案例分析。其有助于学生比较、理解和掌握相关知识点；有助于学生开拓思维，培养创业创新意识；为学生的就业奠定基础，为学生的创业创造条件。

3. 力求职业素质和技术技能的形成和提高

在教学中，"基础会计"课程通常是根据教材的内容顺次进行，有些内容是只有文字阐述，没有具体的举例和演示过程；有些即便有举例，却没有对应的练习。本教材针对这一情况补充、完善了相关的实验实训，有利于学生形成会计岗位所需的职业素质和技术技能，进而提高学生的操作水平。

4. 思政案例引领，提高综合素质

通过思政案例的训练，学生在学习会计基本理论和方法的基础上，以社会主义核心价值观和科学的世界观、人生观和价值观，以及良好的职业道德素养引领，理解各类型会计业务特点、处理原则和方法，拓展会计职业视野，强化会计业务技能和创新精神，进一步提升学生的爱国情怀、专业精神和职业素养。

本教材适用于应用型本科学院、高等职业技术学院、成人高校的在校学生，也可作为继续教育、自学进修、岗位所需素质和能力培训的教学用书。

本教材由高玉莲、宫相荣担任主编，黄璐、李俊、张丽亚担任副主编，林艳华、陈世文、白玉华、吴兰萍、刘福春参与编写工作。广州市四柱清财务咨询有限公司、广东金账房智慧财税有限公司、深圳市德永信财税集团有限公司、中证天通会计师事务所（特殊普通合伙）深圳分所对本教材的编写提供了大量的支持和帮助，在此表示衷心感谢。

由于编者对应用型本科教育的理念在认识和理解上还有待于加深，在实验、实训的方式方法及材料的收集、筛选和提炼还在探索和践行之中，加之时间仓促等原因，本书难免存在疏漏和不足，敬请读者批评、指正。

编　者

2023 年 8 月

目 录

模块一 总论 ··· 1
项目一 基础知识积累 ··· 1
- 任务一 单项选择题 ··· 1
- 任务二 多项选择题 ··· 3
- 任务三 不定项选择题 ··· 4
- 任务四 判断辨析题 ··· 6

项目二 专业技能训练 ··· 7
- 任务一 权责发生制和收付实现制的比较 ··· 7
- 任务二 按不同的记账基础确认收入和费用 ··· 7

项目三 案例分析 ··· 8
- 任务一 岗位案例 ··· 8
- 任务二 综合案例 ··· 9
- 任务三 思政案例 ··· 10

模块二 会计对象、会计要素与会计等式 ··· 11
项目一 基础知识积累 ··· 11
- 任务一 单项选择题 ··· 11
- 任务二 多项选择题 ··· 12
- 任务三 不定项选择题 ··· 13
- 任务四 判断辨析题 ··· 15

项目二 专业技能训练 ··· 16
- 任务一 会计要素的识别 ··· 16
- 任务二 经济业务对会计要素和会计等式的影响 ··· 16
- 任务三 会计要素和会计等式的理解和应用 ··· 17

项目三 案例分析 ··· 18
- 任务一 岗位案例 ··· 18

  任务二 综合案例 ·· 18
  任务三 思政案例 ·· 19

模块三 会计科目、会计账户和复式记账法 ························· 20
 项目一 基础知识积累 ·· 20
  任务一 单项选择题 ·· 20
  任务二 多项选择题 ·· 22
  任务三 不定项选择题 ·· 24
  任务四 判断辨析题 ·· 26
 项目二 专业技能训练 ·· 28
  任务一 会计账户的分辨和确定 ··· 28
  任务二 会计账户结构的理解和应用 ····································· 30
  任务三 会计要素、会计科目和会计等式的理解和应用 ············· 31
  任务四 借贷记账法应用 ··· 33
 项目三 案例分析 ·· 36
  任务一 岗位案例 ·· 36
  任务二 综合案例 ·· 36
  任务三 思政案例 ·· 37

模块四 企业主要经济业务的核算 ······································· 39
 项目一 基础知识积累 ·· 39
  任务一 单项选择题 ·· 39
  任务二 多项选择题 ·· 42
  任务三 不定项选择题 ·· 44
  任务四 判断辨析题 ·· 46
 项目二 专业技能训练 ·· 47
  任务一 采购费用分配的核算 ·· 47
  任务二 制造费用分配、完工产品成本结转的核算 ··················· 49
  任务三 制造业企业基本业务的核算 ····································· 52
 项目三 案例分析 ·· 67
  任务一 岗位案例 ·· 67
  任务二 综合案例 ·· 67
  任务三 思政案例 ·· 69

模块五　会计凭证 ……………………………………………………………………… 70
项目一　基础知识积累 …………………………………………………………… 70
任务一　单项选择题 ………………………………………………………… 70
任务二　多项选择题 ………………………………………………………… 72
任务三　不定项选择题 ……………………………………………………… 73
任务四　判断辨析题 ………………………………………………………… 75
项目二　专业技能训练 …………………………………………………………… 76
任务一　会计凭证的填制和审核 …………………………………………… 76
任务二　记账凭证的填制 …………………………………………………… 86
项目三　案例分析 ………………………………………………………………… 101
任务一　岗位案例 …………………………………………………………… 101
任务二　综合案例 …………………………………………………………… 102
任务三　思政案例 …………………………………………………………… 102

模块六　会计账簿 ……………………………………………………………………… 104
项目一　基础知识积累 …………………………………………………………… 104
任务一　单项选择题 ………………………………………………………… 104
任务二　多项选择题 ………………………………………………………… 106
任务三　不定项选择题 ……………………………………………………… 108
任务四　判断辨析题 ………………………………………………………… 110
项目二　专业技能训练 …………………………………………………………… 112
任务一　现金日记账的登记 ………………………………………………… 112
任务二　银行存款日记账的登记 …………………………………………… 114
任务三　多栏式明细账的登记 ……………………………………………… 117
任务四　总分类账和明细分类账的平行登记 ……………………………… 120
任务五　错账更正 …………………………………………………………… 123
项目三　案例分析 ………………………………………………………………… 124
任务一　岗位案例 …………………………………………………………… 124
任务二　综合案例 …………………………………………………………… 124
任务三　思政案例 …………………………………………………………… 125

模块七　财产清查 ……………………………………………………………………… 127
项目一　基础知识积累 …………………………………………………………… 127
任务一　单项选择题 ………………………………………………………… 127

　　　　任务二　多项选择题 …………………………………………………… 129
　　　　任务三　不定项选择题 ………………………………………………… 130
　　　　任务四　判断辨析题 …………………………………………………… 132
　　项目二　专业技能训练 …………………………………………………………… 133
　　　　任务一　库存现金盘点报告表的编制 ………………………………… 133
　　　　任务二　银行存款余额调节表的编制 ………………………………… 135
　　项目三　案例分析 ………………………………………………………………… 137
　　　　任务一　岗位案例 ……………………………………………………… 137
　　　　任务二　综合案例 ……………………………………………………… 137
　　　　任务三　思政案例 ……………………………………………………… 139

模块八　财务会计报告 …………………………………………………………… 140
　　项目一　基础知识积累 …………………………………………………………… 140
　　　　任务一　单项选择题 …………………………………………………… 140
　　　　任务二　多项选择题 …………………………………………………… 142
　　　　任务三　不定项选择题 ………………………………………………… 143
　　　　任务四　判断辨析题 …………………………………………………… 145
　　项目二　专业技能训练 …………………………………………………………… 146
　　　　任务一　资产负债表的编制 …………………………………………… 146
　　　　任务二　利润表的编制 ………………………………………………… 149
　　项目三　案例分析 ………………………………………………………………… 151
　　　　任务一　岗位案例 ……………………………………………………… 151
　　　　任务二　综合案例 ……………………………………………………… 152
　　　　任务三　思政案例 ……………………………………………………… 153

模块九　会计核算组织程序 ……………………………………………………… 154
　　项目一　基础知识积累 …………………………………………………………… 154
　　　　任务一　单项选择题 …………………………………………………… 154
　　　　任务二　多项选择题 …………………………………………………… 155
　　　　任务三　不定项选择题 ………………………………………………… 155
　　　　任务四　判断辨析题 …………………………………………………… 157
　　项目二　专业技能训练 …………………………………………………………… 158
　　　　任务一　科目汇总表的填制 …………………………………………… 158
　　　　任务二　汇总记账凭证的填制 ………………………………………… 161

任务三　科目汇总表账务处理程序……………………………………………… 166
　项目三　案例分析………………………………………………………………………… 190
　　　任务一　岗位案例……………………………………………………………… 190
　　　任务二　综合案例……………………………………………………………… 190
　　　任务三　思政案例……………………………………………………………… 191

模块十　会计工作组织……………………………………………………………………… 192
　项目一　基础知识积累…………………………………………………………………… 192
　　　任务一　单项选择题…………………………………………………………… 192
　　　任务二　多项选择题…………………………………………………………… 193
　　　任务三　不定项选择题………………………………………………………… 194
　　　任务四　判断辨析题…………………………………………………………… 195
　项目二　专业技能训练…………………………………………………………………… 196
　　　任务一　会计工作组织核算形式……………………………………………… 196
　　　任务二　会计机构与会计人员设置…………………………………………… 196
　　　任务三　会计规范体系构成…………………………………………………… 197
　　　任务四　会计法律与会计职业道德区别……………………………………… 197
　项目三　案例分析………………………………………………………………………… 198
　　　任务一　岗位案例……………………………………………………………… 198
　　　任务二　综合案例……………………………………………………………… 198
　　　任务三　思政案例……………………………………………………………… 198

综合测试题……………………………………………………………………………………… 200
　综合测试题一……………………………………………………………………………… 200
　综合测试题二……………………………………………………………………………… 206
　综合测试题三……………………………………………………………………………… 210
　综合测试题四……………………………………………………………………………… 214

综合测试题参考答案…………………………………………………………………………… 218

模块一 总 论

项目一 基础知识积累

任务一 单项选择题

模块一
习题答案

练习要求:根据题意,选择正确答案(每小题备选答案中,只有一个正确答案)。

1. 会计能够按照会计准则的要求,采用一定的程序和方法,全面、系统、及时、准确地将一个会计主体发生的会计事项表现出来,从而为经营管理提供决策有用的经济信息。这种功能称为(　　)。
 A. 会计的控制职能　　　　　　B. 会计的反映职能
 C. 会计的监督职能　　　　　　D. 会计的预测职能

2. 会计按照一定的目的和要求,利用会计信息系统所提供的信息,对会计主体的经济活动进行控制,使之达到预期目标。这种功能称为(　　)。
 A. 会计的分析职能　　　　　　B. 会计的反映职能
 C. 会计的监督职能　　　　　　D. 会计的预测职能

3. (　　)假设界定了从事会计工作和提供会计信息的空间范围。
 A. 会计职能　　B. 会计分期　　C. 会计内容　　D. 会计主体

4. (　　)假设是指会计核算应当以企业发生的各项经济业务为对象,记录和反映企业本身的各项经济业务。
 A. 会计主体　　B. 会计方法　　C. 会计属性　　D. 货币计量

5. 持续经营假设明确了会计工作的(　　)范围。
 A. 空间　　　　B. 时间　　　　C. 内容　　　　D. 以上都是

6. 有了(　　)假设,才产生了本期与非本期的区别,才产生了收付实现制和权责发生制。
 A. 会计年度　　B. 持续经营　　C. 会计分期　　D. 货币计量

7. 会计信息质量的特征中,(　　)是指企业提供的会计信息应当与财务会计报告使用者的经济决策需要相关,有助于财务会计报告使用者对企业过去、现在或者未来的情况作出评价或者预测。

　　A. 可靠性　　　　　　　　　　　　B. 相关性

　　C. 可理解性　　　　　　　　　　　D. 及时性

8. (　　)要求企业提供的会计信息应当清晰明了,便于财务会计报告使用者了解和使用。

　　A. 可比性　　　　　　　　　　　　B. 有用性

　　C. 可理解性　　　　　　　　　　　D. 实质重于形式

9. 同一企业不同时期发生相同或者相似的交易或者事项,应当采用一致的会计政策,不得随意变更。其依据的会计信息质量特征是(　　)。

　　A. 可靠性　　B. 相关性　　C. 重要性　　D. 可比性

10. 不同企业发生相同或者相似的交易或事项,应当采用(　　)的会计政策,确保会计信息口径一致,相互可比。

　　A. 一致的　　B. 不同的　　C. 规定的　　D. 以上都可以

11. 会计信息质量的特征中,(　　)对相关性和可靠性起着制约作用。

　　A. 及时性　　　　　　　　　　　　B. 可比性

　　C. 重要性　　　　　　　　　　　　D. 谨慎性

12. 我国企业通常采用(　　)作为其会计核算基础。

　　A. 收付实现制　　　　　　　　　　B. 实地盘存制

　　C. 永续盘存制　　　　　　　　　　D. 权责发生制

13. 联盛企业12月份发生下列支出:

(1) 年初支付的本年度财产保险费3 600元,本月摊销300元。

(2) 支付了下年第一季度的设备租金6 000元。

(3) 支付本月水电费1 000元。

在权责发生制下,本月费用为(　　)元。

　　A. 1 000　　B. 1 300　　C. 4 600　　D. 3 300

14. 国美企业3月份以银行存款支付了第二季度的保险费27 000元。在权责发生制下,对该项保险费支出的处理中,做法正确的是(　　)。

　　A. 金额全部计入3月份的费用

　　B. 金额全部计入4月份的费用

　　C. 金额全部计入6月份的费用

　　D. 按一定的方法分摊计入4、5、6月份的费用

任务二 多项选择题

练习要求：根据题意，选择正确答案（每小题备选答案中，有两个或两个以上符合题意的正确答案）。

1. 会计核算方法包括（   ）。
   A. 设置账户   B. 登记账簿   C. 成本计算   D. 编制试算平衡表
2. 下列有关会计基本职能之间的关系，描述正确的有（   ）。
   A. 会计的反映职能和监督职能是紧密结合、相辅相成、辩证统一的
   B. 监督职能是反映职能的基础，反映职能是监督职能的保证
   C. 没有反映职能提供会计资料，监督职能就失去了客观依据
   D. 没有监督职能进行控制，就无法提供真实可靠的会计信息，会计的反映职能也就失去了存在的意义
3. 企业在组织会计核算时，应遵循的会计假设包括（   ）。
   A. 会计主体   B. 会计方法   C. 会计分期   D. 货币计量
4. 下列各项中，既是会计主体又是法律主体的有（   ）。
   A. 分公司   B. 子公司   C. 合伙企业   D. 合营企业
5. 下列做法中，符合谨慎性要求的有（   ）。
   A. 根据规定对应收账款提取坏账准备
   B. 合理预计可能发生的损失或费用
   C. 高估资产或利润
   D. 计提各种秘密准备
6. 会计计量属性主要包括（   ）。
   A. 历史成本   B. 重置成本
   C. 可变现净值   D. 现值和公允价值
7. 下列选项中，既可以对资产进行核算，又可以对负债核算的计量属性包括（   ）。
   A. 历史成本   B. 重置成本   C. 可变现净值   D. 现值和公允价值
8. 下列选项中，属于会计的记账基础的有（   ）。
   A. 货币计量   B. 权责发生制   C. 会计主体   D. 收付实现制
9. 根据权责发生制原则，以下属于本月的收入和费用的有（   ）。
   A. 支付明年的设备租金 30 000 元
   B. 本月收到上月利息收入 4 000 元
   C. 支付本月的水电费 2 300 元
   D. 本月销售商品一批，价值 30 000 元，但货款尚未收到

10. 下列选项中,符合权责发生制要求的有( )。

A. 蓝海公司本月销售了一批货物,虽未收到货款,但确认了收入

B. 鼎盛公司本月收到上月销售产品收入,确认为了本月收入

C. 科信公司12月份支付了下一年度的房屋租金,未确认为12月份的费用

D. 广运公司12月初支付了11月份员工的工资,并确认了相关费用

11. 在收付实现制下,可以确认为本月费用的项目的有( )。

A. 支付当月行政管理部门的办公费

B. 计提本月短期借款利息,利息费于下月末支付

C. 支付全年的财产保险费

D. 支付下年报纸、杂志费

任务三 不定项选择题

练习要求:根据题意,选择正确答案(每小题备选答案中,有一个或一个以上符合题意的正确答案)。

1. 下列各项中,属于会计基本职能的有( )。

A. 预测经济前景 B. 进行会计核算

C. 参与经济决策 D. 评价经营业绩

2. 下列各项中,对企业会计核算资料的真实性、合法性和合理性进行审查的会计职能是( )。

A. 核算职能 B. 控制职能 C. 反映职能 D. 监督职能

3. 下列各项中,关于会计职能的表述正确的有( )。

A. 核算职能是监督职能的保障

B. 监督职能是核算职能的基础

C. 预测经济前景、参与经济决策和评价经营业绩是拓展职能

D. 核算与监督是基本职能

4. 下列各项中,可确认为会计主体的有( )。

A. 子公司 B. 分公司 C. 集团公司 D. 母公司

5. 在可预见的未来,会计主体不会破产清算,所持有的资产将正常营运,所负有的债务将正常偿还,这属于( )假设。

A. 会计主体 B. 持续经营 C. 会计分期 D. 货币计量

6. 为了将本企业经济活动与其他企业经济活动加以区分,企业在核算时所建立的基本前提是( )。

A. 会计主体 B. 持续经营 C. 会计分期 D. 货币计量

7. 下列会计期间中,属于会计中期的有( )。
   A. 年度　　　　　B. 半年度　　　　　C. 季度　　　　　D. 月度

8. 下列关于货币计量的表述中,正确的有( )。
   A. 货币计量是指会计主体在会计核算过程中采用货币作为统一的计量单位
   B. 企业的会计核算只能以人民币作为记账本位币
   C. 在特定情况下,企业也可以选择人民币以外的某一货币作为记账本位币
   D. 在境外设立的中国企业向国内报送的财务会计报告,应当折算为人民币

9. 下列各项中,关于会计基础的说法正确的是( )。
   A. 权责发生制要求凡是当期已经实现的收入和已经发生或者应当负担的费用,无论款项是否收付,都应当作为当期的收入和费用
   B. 收付实现制要求凡是本期实际收到款项的收入和付出款项的费用,不论是否属于本期,都应当作为本期的收入和费用
   C. 企业可以选择按权责发生制或收付实现制进行会计核算,一经确定,不得变更
   D. 政府会计中的预算会计核算采用收付实现制,国务院另有规定的除外

10. 下列会计处理方法中,符合权责发生制基础的是( )。
    A. 销售产品的收入只有在收到款项时才予以确认
    B. 产品已销售并符合收入确认条件,货款未收到也应确认收入
    C. 计提本月短期借款利息,款项未支付也将其作为本月的财务费用
    D. 水电费只能在支付时计入当期费用

11. 大明公司8月份销售甲产品一批,价款30 500元,款未收;销售乙产品一批,价款28 000元已全部收到;另收到7月份所欠货款15 000元。按权责发生制确定该公司8月份销售收入应为( )元。
    A. 30 500　　　　　B. 58 500　　　　　C. 28 000　　　　　D. 43 000

12. 下列各项中,属于会计信息质量要求的有( )。
    A. 可靠性　　　　　B. 相关性　　　　　C. 合法性　　　　　D. 可比性

13. 下列各项中,关于企业会计信息可靠性表述正确的有( )。
    A. 企业应当按照交易或者事项的经济实质进行会计确认、计量和报告,不仅仅以交易或者事项的法律形式为依据
    B. 企业应当保证会计信息的真实可靠、内容完整
    C. 企业提供的会计信息应当反映与企业财务状况、经营成果和现金流量有关的所有重要交易或事项
    D. 企业应当以实际发生的交易或事项为依据进行确认、计量和报告

任务四　判断辨析题

练习要求：判断每小题的表述是否正确。（正确打"√"，错误打"×"，并在辨析处写出正确答案）。

1. 会计是以货币为唯一计量单位，采用专门方法和程序，对企业和行政、事业单位的经济活动进行完整的、连续的、系统的核算和监督，以提供经济信息和反映受托责任履行情况为主要目的的经济管理活动。　　　　　　　　　　　　　　　　　　（　　）

辨析：

2. 法律主体是指会计工作服务的特定对象，是会计确认、计量和报告的空间范围。
　　　　　　　　　　　　　　　　　　　　　　　　　　　　　　　　　　（　　）

辨析：

3. 分公司不是一个独立的法人，但也可以作为一个会计主体。　　　　　（　　）

辨析：

4. 会计分期是持续经营的前提。　　　　　　　　　　　　　　　　　　（　　）

辨析：

5. 由于持续经营，才产生了当期与以前期间、以后期间的差别，才使得不同类型的会计主体有了记账的基准。　　　　　　　　　　　　　　　　　　　　　　（　　）

辨析：

6. 凡是我国的企业都必须采用人民币作为记账本位币。　　　　　　　　（　　）

辨析：

7. 实质重于形式要求企业应当按照交易或者事项的法律形式进行会计确认、计量和报告，不仅仅以交易或者事项的经济实质为依据。　　　　　　　　　　　　（　　）

辨析：

8. 重要性是会计信息相关性和可靠性的制约因素，企业需要在相关性和可靠性之间寻求一种平衡。　　　　　　　　　　　　　　　　　　　　　　　　　　（　　）

辨析：

项目二　专业技能训练

任务一　权责发生制和收付实现制的比较

资料: 广山有限责任公司 2×23 年 1 月份部分经济业务如下:

1. 销售产品货款 50 000 元(不考虑增值税),款项已存入银行。
2. 销售产品货款 60 000 元(不考虑增值税),款项尚未收到。
3. 预付 1~6 月份房屋租金 18 000 元,款项已支付。
4. 1 月 1 日贷款的银行借款利息每月 3 000 元,款项 3 月末支付。
5. 收到上月份的应收账款 30 000 元,款项已存入银行。
6. 收到购货单位的预付货款 40 000 元存入银行,下月交货。

要求: 根据上述经济业务,分别按权责发生制和收付实现制确认广山有限责任公司 2×23 年 1 月份的收入和费用,并将相关数字填入表 1-1 中。

表 1-1　　　　　　　　　　　收入和费用确认表　　　　　　　　　　单位:元

业务号	权责发生制		收付实现制	
	收入	费用	收入	费用
1				
2				
3				
4				
5				
6				
合计				

任务二　按不同的记账基础确认收入和费用

资料: 广山有限责任公司 2×23 年第一季度发生的部分经济业务如下:

1. 1~3 月每月销售产品 10 000 元(不考虑增值税),3 月末一次性收到货款 30 000 元存入银行。
2. 1~3 月每月应负担的短期借款利息 2 000 元,共计 6 000 元,3 月末以银行存款支付应付利息 6 000 元。

3. 3 月末以银行存款支付 4～6 月份的房屋租金 3 000 元。

要求：根据上述经济业务，分别按权责发生制和收付实现制确认广山有限责任公司 2×23 年第一季度的收入和费用，并将相关数字填入表 1-2 中。

表 1-2　　　　　　　　　　　收入和费用确认表　　　　　　　　　　单位：元

业务号	项目	权责发生制				收付实现制			
		1月	2月	3月	合计	1月	2月	3月	合计
1	收入								
2	费用								
3									

项目三　案例分析

任务一　岗位案例

1. 财政部门检查组检查 A 公司时，检查人员发现该公司没有现金日记账，公司的大量现金存入了个人存折，经常发生现金存入后被提走的情况。发现这一重大问题后，检查组突击检查了公司财务室的保险柜，虽然没有发现现金，但却从保险柜里意外发现了几张公司产品价格与收取价对比表，上面详细记载了该公司收取的款项中有一部分是用正式发票开出的，另一部分存入个人户头。在销售货物时，该公司按发票金额收入的货款存入公司账户，但实际收取款数超过发票金额的部分则由出纳存入以公司员工私人名义开设的储蓄账户。检查组深入调查后，发现该公司 3 年间开设公款私存账 20 多个，账外账收入总计达 4 亿元左右，涉嫌偷逸税款 1.8 亿元左右。请分析：该企业在会计账簿的设置上有哪些违法行为？

2. 华盛贸易公司是一家中外合资企业，该贸易公司的负责人金某是韩籍华人。2×22 年年底，华盛贸易公司接到通知，其所在地的市财政局准备对其会计工作情况进行例行检查。该贸易公司负责人金某认为，华盛贸易公司是中外合资企业，该市财政局无权运用中国的《会计法》来约束一家中外合资企业，当即表示不接受市财政局的检查。请分析：华盛贸易公司负责人金某的认识是否正确？

任务二 综合案例

赵某等人拟成立华星公司,主要从事欧盟地区货物贸易,业务收支以欧元为主。公司筹备会议在讨论公司章程时议定:选择欧元作为记账本位币,编报的财务会计报告折算为人民币;会计记录文字同时使用中文和法文;会计年度确定为公历1月1日起至12月31日止。

2×22年6月,华星公司成立,赵某为法定代表人,钱某为会计机构负责人。同年10月,华星公司向B公司出售了10台进口的精密仪器,12月B公司因年报审计需要使用华星公司留存的该批仪器的原始凭证。华星公司安排会计人员孙某办理此事。

2×23年1月,孙某因病住院,华星公司安排会计人员李某接替孙某工作。孙某委托会计人员周某代办交接手续。

2×23年3月,永兴会计师事务所接受华星公司委托,对2019年度财务会计报告进行审计并出具了审计报告。随后,华星公司将2019年度财务会计报告对外提供。

要求:根据上述资料,不考虑其他因素,分析回答下列小题(不定项选择)。

1. 华星公司筹备会议定的下列事项中,符合法律规定的是( )。
   A. 同时使用中文和法文作为会计记录文字
   B. 会计年度确定为公历1月1日起至12月31日止
   C. 选择欧元作为记账本位币
   D. 编报的财务会计报告以人民币折算

2. 对B公司使用原始凭证的要求,华星公司拟采取的下列措施中,正确的是( )。
   A. 经赵某批准后,直接将原始凭证借给B公司
   B. 经孙某签字后,向B公司提供该原始凭证的复制件
   C. 原始凭证不外借
   D. 在专设登记簿上登记后,将原始凭证借给B公司

3. 关于李某接替孙某工作的下列表述中,正确的是( )。
   A. 李某接替孙某工作后应另立新账
   B. 双方交接工作应由钱某负责监交
   C. 孙某委托周某代办交接手续须经赵某批准
   D. 孙某应当对移交的会计资料真实性和合法性承担法律责任

4. 关于华星公司对外提供2019年度财务会计报告的下列表述中,正确的是( )。
   A. 法律规定须经注册会计师审计的,审计报告应当随同财务会计报告一并提供
   B. 财务会计报告应当依次编写页码,加具封面,装订成册,加盖公章
   C. 财务会计报告应包括会计报表、会计报表附注和财务情况说明书
   D. 向不同会计资料使用者提供的财务会计报告,其编制依据应当一致

任务三　思政案例

《中国青年报》曾报道，山西"卖官书记"武保安敛财有方，趋炎附势者送礼方式五花八门。某局局长从2×22年开始，每逢中秋节和春节都用公款给武保安送礼，为了避免自己私吞的嫌疑，去送钱的时候还把会计带上。带着会计去行贿，除了告诉受贿方此款安全，可以放心接受之外，还告诉会计这批款项应该通过"技术手段"将账面做得不留蛛丝马迹。要想人不知，除非己莫为。东窗事发后，涉事的会计人员，也表现得很无奈，他们认为：很多会计人员是"站得住的顶不住，顶得住的站不住"，领导怎么说就怎么做，只要领导高兴，"原则"可以变成"圆则"。会计人员整天与钱物打交道，"常在河边走，哪有不湿鞋"，只要坚守"不犯罪"这个底线就行了。上述会计人员的认识违背了什么会计职业道德规范？请说明理由。

模块二　会计对象、会计要素与会计等式

项目一　基础知识积累

任务一　单项选择题

模块二
习题答案

练习要求：根据题意，选择正确答案（每小题备选答案中，只有一个正确答案）。

1. （　　）是对会计对象的基本分类，是会计对象的具体化，是反映会计主体的财务状况和经营成果的基本单位。
   A. 资金运动　　　B. 会计假设　　　C. 会计要素　　　D. 会计科目

2. 某企业所有者权益总额为 50 000 000 元，负债总额为 30 000 000 元，则该企业资产总额为（　　）。
   A. 20 000 000 元　B. 80 000 000 元　C. 50 000 000 元　D. 无正确答案

3. 当一笔业务只涉及资产方面有关项目之间的金额发生增减变化，则会计等式两边的总金额（　　）。
   A. 同增
   B. 同减
   C. 不增不减
   D. 一方增加，一方减少

4. 资产总额与权益总额有着（　　）的关系。
   A. 前者与后者不一定相等
   B. 前者大于后者
   C. 前者小于后者
   D. 两者总额必然相符

5. 企业的债权人权益，在会计上称为（　　）。
   A. 所有者权益　　B. 债权　　　C. 负债　　　D. 权益

6. 企业收入的增加会引起（　　）。
   A. 资产减少
   B. 负债增加
   C. 所有者减少
   D. 所有者权益增加

7. 当经济业务只涉及负债这一会计要素发生变动时，将会引起该要素中的某些项目

发生( )。

  A. 同时增加   B. 同时减少   C. 一增一减变动   D. 不变动

  8. 收入、费用和利润三要素是企业资金运动的( )。

  A. 动态表现   B. 静态表现

  C. 综合表现   D. 上述选项均正确

  9. 所有者权益在数量上等于( )。

  A. 全部资产－全部负债   B. 全部资产－流动负债

  C. 流动资产－全部负债   D. 流动资产－流动负债

  10. 企业的原材料属于会计要素中的( )。

  A. 收入   B. 资产   C. 利润   D. 负债

任务二   多项选择题

练习要求：根据题意，选择正确答案(每小题备选答案中，有两个或两个以上符合题意的正确答案)。

  1. 以下各项中，属于反映企业财务状况的会计要素有( )。

  A. 利润   B. 所有者权益   C. 费用   D. 负债

  2. 经济业务的发生，必然引起资产和权益的增减变动，其类型包括( )。

  A. 资产增加，负债减少   B. 负债增加，所有者权益减少

  C. 所有者权益增加，资产减少   D. 资产和负债同时减少

  3. 下列各项中，属于所有者权益的项目有( )。

  A. 投资收益   B. 盈余公积   C. 实收资本   D. 未分配利润

  4. 下列各项中，会引起所有者权益总额增加的有( )。

  A. 接受投资者甲投入货币资金 5 000 000 元

  B. 接受外单位投入一项专利技术，价值 800 000 元

  C. 收到海外某组织捐赠的设备一台，价值 200 000 元

  D. 年末按规定从税后利润中提取的盈余公积 100 000 元

  5. 下列经济业务中，不会使企业月末资产总额发生变化的有( )。

  A. 从银行提取现金   B. 购买原材料，货款未付

  C. 购买原材料，货款已付   D. 预付购货款

  6. 下列各项经济业务中，能引起等式两边同时发生变动的有( )。

  A. 企业购入原材料 4 万元，货款未付

  B. 企业按照有关规定，将盈余公积中的 30 万元转增资本

  C. 企业经批准增加注册资本，收到投资者投入的货币资金 10 万元

D. 企业用银行存款12万元归还短期借款

7. 下列关于会计等式的说法中,正确的有( )。

A. "资产＝负债＋所有者权益"是最基本的会计等式,表明了会计主体在某一特定时期所拥有的各种资产与债权人、所有者之间的动态关系

B. "收入－费用＝利润"这一会计等式动态地反映经营成果与相应期间的收入和费用之间的关系,是编制利润表的基础

C. "资产＝负债＋所有者权益"这一会计等式说明了企业经营成果对资产和所有者权益所产生的影响,体现了会计六要素之间的内在关系

D. 企业各项经济业务的发生并不会破坏会计基本等式的平衡关系

8. 企业购进一台设备25万元,其中用银行存款支付15万元,其余10万元暂欠,则该笔业务会引起企业( )。

A. 资产总额增加25万元   B. 资产总额增加10万元
C. 负债总额增加25万元   D. 负债总额增加10万元

9. 下列经济业务中,引起等式两边一增一减的有( )。

A. 将现金存入银行   B. 用银行存款购买一台设备
C. 收到投资者以一项专利技术投资   D. 用资本公积转增资本

10. 下列经济业务中,引起资产要素内部一增一减的有( )。

A. 以银行存款偿还上个月所欠货款3万元

B. 收回购货单位前欠货款4万元,款项已存入银行

C. 预付购买设备订货款2万元,用银行存款转账支付

D. 将一笔20万元的借款转为对本企业的投资

任务三　不定项选择题

练习要求:根据题意,选择正确答案(每小题备选答案中,有一个或一个以上符合题意的正确答案)。

1. 下列各项中,属于资产要素特点的有( )。

A. 预期能给企业带来未来经济利益的资源

B. 过去的交易或事项形成的

C. 必须拥有所有权

D. 必须是有形的

2. 下列各项中,属于流动资产的有( )。

A. 存货   B. 无形资产
C. 预付账款   D. 长期股权投资

3. 下列各项中,属于流动负债的是( )。
   A. 应付账款　　B. 应付债券　　C. 预收账款　　D. 预付账款

4. 下列关于所有者权益的表述中,正确的是( )。
   A. 所有者权益又称净资产,是指企业全部资产扣除全部负债后由所有者享有的剩余权益
   B. 所有者权益的来源包括投资者投入的资本、债权人投入的资本、留存收益等
   C. 企业不需要偿还所有者权益,除非发生减资清算
   D. 权益分为债权人权益和所有者权益,而债权人权益优先于所有者权益

5. 下列各项中,会引起收入要素增加的是( )。
   A. 销售库存商品　　　　　　B. 收取的罚款
   C. 接受捐赠　　　　　　　　D. 取得投资人投入资金

6. 对于制造业企业来说,下列项目中属于主营业务收入的有( )。
   A. 销售原材料取得的收入　　B. 销售商品取得的收入
   C. 包装物出租收入　　　　　D. 接受捐赠收入

7. 下列属于期间费用的是( )。
   A. 销售费用　　　　　　　　B. 管理费用
   C. 制造费用　　　　　　　　D. 财务费用

8. 下列属于费用要素特点的是( )。
   A. 企业在日常活动中发生的经济利益的总流出
   B. 会导致所有者权益减少
   C. 与向所有者分配利润无关
   D. 会导致所有者权益增加

9. 下列各项中,企业发生的会形成企业费用的业务有( )。
   A. 财务部门人员的工资180万元
   B. 企业向某慈善机构捐赠资金1 300万元
   C. 企业因短期借款产生的利息支出1万元
   D. 企业逾期未缴税金,需缴税收滞纳金4万元

10. 下列各项中,反映企业经营成果的会计要素的有( )。
    A. 利润　　　　B. 费用　　　　C. 收入　　　　D. 所有者权益

11. 企业负债总额为1 500万元,所有者权益为650万元,在接受150万元的投资后,资产总额为( )万元。
    A. 1 650　　　　B. 800　　　　C. 2 000　　　　D. 2 300

任务四　判断辨析题

练习要求：判断每小题的表述是否正确。（正确打"√"，错误打"×"，并在辨析处写出正确答案）。

1. 所有者权益包括实收资本、资本公积、盈余公积和留存收益。（　　）
   辨析：

2. 企业在对会计要素进行计量时，一般应采用历史成本。（　　）
   辨析：

3. 计划下个月购入的材料可以确认为企业的资产。（　　）
   辨析：

4. 企业清算时，应先将所有者权益返还给所有者之后再偿还负债。（　　）
   辨析：

5. 应付账款和预付账款都是企业的负债。（　　）
   辨析：

6. 所有者权益是指企业所有者对企业全部资产的所有权。（　　）
   辨析：

7. 无论发生什么经济业务，都不影响资产与负债、所有者的平衡关系。（　　）
   辨析：

8. 会计要素中既有反映财务状况的要素，又有反映经营成果的要素。（　　）
   辨析：

9. 收入就是利得。（　　）
   辨析：

10. 企业从银行借入短期借款会引起资产和负债要素同时增加。　　　　（　　）
辨析：

项目二　专业技能训练

任务一　会计要素的识别

资料（一）：广山有限责任公司2×23年6月有关资料如下：
1. 借入的一年期借款500 000元，将要到期，尚未偿还。
2. 从甲公司购入商品一批，价款320 000元，货款尚未支付。
3. 宣告对外分派现金股利7 000 000元。
4. 公司财务处作出2×24年银行借款计划，计划向银行借款5 000 000元。
5. 计算出应向职工发放工资1 890 000元。

资料（二）：广山有限责任公司2×23年6月有关资料如下：
1. 销售本企业生产的机床三台，售价2 400 000元，货款存入银行。
2. 销售本企业生产机床用零部件一批，售价700 000元，货款尚未收回。
3. 取得保险公司的赔款100 000元，存入银行。
4. 代售星海公司生产价值650 000元的车床一台，全部款项已收到并存入银行。

要求：
1. 判定上述资料（一）经济业务是否属于该企业的负债。
2. 判定上述资料（二）经济业务是否属于该企业的收入。

任务二　经济业务对会计要素和会计等式的影响

资料：广山有限责任公司2×23年6月1日资产、负债和所有者权益的金额分别为680 000元、230 000元和450 000元。该公司6月份发生部分经济业务如下：
1. 接受其他企业投资机器一台70 000元。
2. 以银行存款200 000元偿还长期借款。
3. 购买原材料5 000元，货款尚未支付。
4. 从银行借入短期借款150 000元，直接偿还应付账款。

要求：请根据以上经济业务填写表2-1。

表2-1　　　　　　　　　　　　　会计要素确认表　　　　　　　　　　　　　单位:元

业务	业务类型	资产		权益		等式两边总金额
		增加	减少	增加	减少	

任务三　会计要素和会计等式的理解和应用

资料:

1. 广山有限责任公司2×23年7月1日部分会计账户期初余额表如表2-2所示。

表2-2　　　　　　　2×23年7月1日部分会计账户期初余额表　　　　　　　单位:元

资产	金额	负债和所有者权益	金额
库存现金	800	短期借款	50 000
银行存款	27 200	应付账款	20 000
应收账款	92 000	应交税费	2 000
原材料	30 000	实收资本	270 000
固定资产	200 000	盈余公积	8 000
合计	350 000	合计	350 000

2. 该公司7月份发生的部分经济业务如下:

(1) 销售产品取得销售收入20 000元(不考虑增值税),存入银行。

(2) 用银行存款支付本月固定资产租赁费1 000元。

(3) 为某厂提供修理服务取得收入10 000元,用以抵扣前欠该厂货款。

(4) 本月应付职工工资15 000元,但尚未支付。

(5) 本月车间领用修理用材料2 000元。

(6) 确认本月应交税费4 000元,但尚未支付。

(7) 用银行存款归还短期借款3 000元,款项已支付。

(8) 接受投资者投入原材料50 000元,材料已验收入库。

要求: 根据该公司期初余额和本月发生的经济业务确认会计等式相关要素的增减变动数额及期末余额,并将其填入表2-3中。

表 2-3　　　　　　　　　　　　会计要素增减变动表　　　　　　　　　　　单位：元

业务	资产	+	费用	=	负债	+	所有者权益	+	收入
期初余额									
（1）									
（2）									
（3）									
（4）									
（5）									
（6）									
（7）									
（8）									
期末余额									

项目三　案例分析

任务一　岗位案例

华夏公司 2×23 年 8 月份发生如下经济业务：
（1）用银行存款购入全新机器一台，价值 50 000 元。
（2）投资人投入原材料，价值 20 000 元。
（3）以银行存款偿还所欠供应单位账款 5 000 元。
（4）收到供应单位所欠账款 7 000 元，收存银行。
要求：根据 8 月份发生的经济业务，说明经济业务对会计要素的影响。

任务二　综合案例

2×23 年 3 月 1 日，王海虹女士准备开办一家校园超市，通过银行投入 200 000 元存款作为本金；3 月 1 日支付两年的租金约 24 000 元，3 月 31 日产生 1 000 元租金费用；3 月 2 日用银行存款 2 000 元购买文具等作为超市自用物品；3 月 3 日用银行存款购入 50 000 元商品。
要求：王海虹女士的超市在经过这些经济活动以后是否还存在会计恒等式中表述的

恒等关系？并详细说明。

任务三　思政案例

　　我国高速铁路快速发展，京沪高速铁路股份有限公司是"中国高铁第一股"，拥有中国最优质的高铁资产，作为"中国名片"，其充分体现了以中国速度引领世界速度的责任与担当。2008 年至 2019 年，我国的高速铁路运营里程稳步增长，截至 2020 年年底，中国高铁运营里程达 3.79 万公里，较 2015 年年末的 1.98 万公里，翻了近一番，稳居世界第一。预计到 2035 年，中国高铁运营里程将达到 7 万公里。高铁规模的不断扩大充分体现出国家对高铁行业发展的重视，体现了交通强国战略。全国绝大多数的城市都会被高铁线路网覆盖，高铁已经成为我们国家走向世界的名片。在此背景下，京沪高铁开通运营 10 年来，客流规模、运输效率、经营效益屡创新高，服务质量、安全性能、科技创新持续领先。截至目前，京沪高铁全线累计开行列车近 120 万列，安全运送旅客 13.5 亿人次，全线累计行驶里程超过 15.8 亿公里。作为中国客流量最大的高铁线路，京沪高铁采取很多高科技手段确保旅客安全，其中包括基于"北斗＋5G"的铁路全自动无人机智能巡检专用系统，该系统在国内外都是首次应用。

　　总的来说，京沪高铁近五年资产规模呈上升趋势，截至 2020 年年底，京沪高铁会计信息披露的资产总额为 30 086 331 万元、负债总额为 9 237 985 万元、营业利润为 402 816 万元。

　　那么，面对巨额资产和高额利润，应用所学专业知识，应如何理解交通强国背景下中国政府集中力量办大事的制度优势？

模块三　会计科目、会计账户和复式记账法

模块三
习题答案

项目一　基础知识积累

任务一　单项选择题

练习要求：根据题意，选择正确答案（每小题备选答案中，只有一个符合题意的正确答案）。

1. 会计科目是(　　)。
   A. 会计要素的名称　　　　　　B. 会计账户的名称
   C. 会计账簿的名称　　　　　　D. 报表的项目
2. 会计科目与会计账户之间的主要区别在于(　　)。
   A. 记录资产和权益的增减变动情况不同
   B. 记录资产和负债的结果不同
   C. 反映的经济内容不同
   D. 会计账户有结构而会计科目无结构
3. 总分类账户一般只用(　　)计量。
   A. 货币量度　　B. 实物量度　　C. 劳动量度　　D. 货币和实物量度
4. 下列选项中，属于负债类账户的是(　　)。
   A. 预付账款　　　　　　　　　B. 实收资本
   C. 投资收益　　　　　　　　　D. 预收账款
5. 借贷记账法的理论依据是(　　)。
   A. 会计要素　　B. 会计原则　　C. 会计等式　　D. 复式记账法
6. 借贷记账法的记账规则是(　　)。
   A. 同增、同减、有增、有减　　B. 同收、同付、有收、有付
   C. 有增必有减，增减必相等　　D. 有借必有贷，借贷必相等

7. 借贷记账法的贷方表示( )。

A. 资产增加,负债及所有者权益减少

B. 资产增加,负债及所有者权益增加

C. 资产减少,负债及所有者权益减少

D. 资产减少,负债及所有者权益增加

8. 资产与所有者权益两大类会计账户的结构是( )。

A. 相同的　　　　B. 相反的　　　　C. 不稳定的　　　　D. 基本相同的

9. 复式记账法对每项经济业务都必须以相等的金额在两个或两个以上( )中同时登记。

A. 资产类账户　　　　　　　　B. 权益类账户

C. 相互联系的对应账户　　　　D. 总分类账户和明细分类账户

10. 在交易或事项处理过程中,会形成会计账户的对应关系,这种关系是指( )。

A. 总分类账户与总分类科目之间的关系

B. 总分类账户与明细分类账户之间的关系

C. 总分类科目与总分类科目之间的关系

D. 有关会计账户之间的应借、应贷的关系

11. 复合会计分录如下:

借:管理费用　　　　　　　　　　　　　　　　　　　　　　　50 000

　　销售费用　　　　　　　　　　　　　　　　　　　　　　　30 000

　　贷:应付职工薪酬　　　　　　　　　　　　　　　　　　　　　80 000

其中,"管理费用"账户的对应账户是( )。

A. "管理费用"账户　　　　　　B. "销售费用"账户

C. "应付职工薪酬"账户　　　　D. "管理费用"和"应付职工薪酬"账户

12. 某项经济业务发生后,借记"银行存款"账户20 000元,则有可能( )。

A. 借记"库存现金"账户20 000元

B. 借记"库存现金"账户30 000元,贷记"应收账款"账户50 000元

C. 贷记"库存现金"账户20 000元,贷记"短期借款"账户40 000元

D. 借记"库存现金"账户10 000元,贷记"短期借款"账户10 000元

13. 某会计分录如下:

借:银行存款　　　　　　　　　　　　　　　　　　　　　　　50 000

　　贷:短期借款　　　　　　　　　　　　　　　　　　　　　　50 000

该会计分录体现的经济业务内容是( )。

A. 以银行存50 000元偿还短期借款

B. 收到某企业前欠货款 50 000 元

C. 从银行取得短期借款 50 000 元

D. 收到某企业投入的货币资金 50 000 元

14. 在借贷记账法下,资产账户的期末余额等于(   )。

A. 期初贷方余额＋本期借方发生额－本期贷方发生额

B. 期初借方余额＋本期借方发生额－本期贷方发生额

C. 期初贷方余额＋本期贷方发生额－本期借方发生额

D. 期初借方余额＋本期贷方发生额－本期借方发生额

15. 在借贷记账法下,负债账户的期末余额等于(   )。

A. 期初贷方余额＋本期借方发生额－本期贷方发生额

B. 期初借方余额＋本期借方发生额－本期贷方发生额

C. 期初贷方余额＋本期贷方发生额－本期借方发生额

D. 期初借方余额＋本期贷方发生额－本期借方发生额

16. 某资产类账户,借方期初余额为 8 000 元,贷方本期减少发生额为 12 000 元,借方期末余额为 6 000 元,该会计账户的借方本期增加发生额应为(   )元。

A. 2 000   B. 6 000   C. 14 000   D. 10 000

17. 某所有者权益类账户,本期借方发生额为 8 600 元,本期贷方发生额为 5 000 元,贷方期末余额为 6 000 元,则该会计账户的贷方期初余额为(   )元。

A. 7 600   B. 9 600   C. 24 00   D. 3 600

18. 借贷记账法的发生额试算平衡公式是(   )。

A. 每个会计账户的借方发生额＝每个会计账户的贷方发生额

B. 全部会计账户期末借方余额合计＝全部会计账户期末贷方余额合计

C. 全部会计账户本期借方发生额合计＝部分会计账户本期贷方发生额合计

D. 全部会计账户本期借方发生额合计＝全部会计账户本期贷方发生额合计

19. 下列会计分录中,属于简单会计分录的是(   )对应关系的分录。

A. 一借一贷   B. 一借多贷   C. 一贷多借   D. 多借多贷

20. 会计试算平衡的结果平衡了,可以说明会计记录(   )。

A. 基本正确   B. 绝对正确   C. 没有错误   D. 绝对不正确

任务二　多项选择题

练习要求: 根据题意,选择正确答案(每小题备选答案中,有两个或两个以上符合题意的正确答案)。

1. 下列有关总分类科目的说法中,正确的有(   )。

A. 也称一级会计科目　　　　　　　B. 是进行明细分类核算的依据
C. 是进行总分类核算的依据　　　　D. 提供更加详细具体的指标

2. 下列属于总分类科目的有(　　)。
   A. 银行存款　　B. 营业外支出　　C. 应付票据　　D. 应交消费税

3. 会计账户一般可以提供的金额指标有(　　)。
   A. 期初余额　　　　　　　B. 本期增加发生额
   C. 期末余额　　　　　　　D. 本期减少发生额

4. 企业计算某账户本期期末余额,要依据(　　)项目金额才能计算出来。
   A. 本期期初余额　　　　　B. 本期增加发生额
   C. 本期企业资金总额　　　D. 本期减少发生额

5. 下列各项中,属于损益类账户的有(　　)。
   A. 税金及附加　　　　　　B. 盈余公积
   C. 投资收益　　　　　　　D. 应付股利

6. 下列各会计账户中,反映所有者权益的账户有(　　)。
   A. 实收资本　　B. 资本公积　　C. 应收账款　　D. 本年利润

7. 期末结账后没有余额的会计账户有(　　)。
   A. 主营业务收入　　B. 长期待摊费用　　C. 管理费用　　D. 盈余公积

8. 在借贷记账法下,"借""贷"作为记账符号。下列各项中,"借"表示的内容有(　　)。
   A. 资产增加　　B. 资产减少　　C. 费用增加　　D. 权益减少

9. 在借贷记账法下,"借""贷"作为记账符号。下列各项中,"贷"表示的内容有(　　)。
   A. 收入增加　　B. 费用增加　　C. 资产增加　　D. 权益增加

10. 编制会计分录时,必须考虑(　　)。
    A. 经济业务发生涉及的会计要素是增加还是减少
    B. 在会计账簿中登记借方还是贷方
    C. 登记在哪些会计账户的借方还是贷方
    D. 会计账户的余额是在借方还是贷方

11. 复合会计分录如下:

借:固定资产　　　　　　　　　　　　　　　　　　　　　　200 000
　　无形资产　　　　　　　　　　　　　　　　　　　　　　300 000
　贷:实收资本　　　　　　　　　　　　　　　　　　　　　400 000
　　　资本公积　　　　　　　　　　　　　　　　　　　　　100 000

其中,"实收资本"账户的对应会计账户有(   )。

A. "固定资产"账户　　　　　　　　B. "无形资产"账户

C. "资本公积"账户　　　　　　　　D. 以上都是

12. 若一项经济业务发生后引起银行存款减少8 000元,则相应地有可能引起的变动有(   )。

A. 短期借款增加8 000元　　　　　B. 无形资产增加8 000元

C. 预付账款增加8 000元　　　　　D. 应付账款减少8 000元

13. 关于"企业用银行存款预付购买材料的订货款3 000元"这项经济业务,下列各观点中正确的有(   )。

A. "银行存款"和"预付账款"两个会计账户互为对应账户

B. 应在"预付账款"账户借方登记3 000元,同时在"银行存款"账户贷方登记3 000元

C. 这项经济业务会引起企业的资产总额减少

D. 这项经济业务不会引起企业的资产和权益总额发生增减变化

14. 企业向银行申请三个月临时借款200 000元,借款已划入企业银行存款账户,涉及的会计账户有(   )。

A. 库存现金　　B. 短期借款　　C. 其他货币资金　　D. 银行存款

15. 总分类账户与明细分类账户平行登记的要点有(   )。

A. 同方向　　　　　　　　　　　　B. 同金额

C. 同人员　　　　　　　　　　　　D. 同期间

任务三　不定项选择题

练习要求:根据题意,选择正确答案(每小题备选答案中,有一个或一个以上符合题意的正确答案)。

1. 下列各项中,(   )是对会计要素具体内容进行分类核算的项目。

A. 资金运动　　　　　　　　　　　B. 会计要素

C. 会计科目　　　　　　　　　　　D. 会计分录

2. 二级科目是介于(   )之间的科目。

A. 总分类科目和三级科目　　　　　B. 总账与明细账

C. 总分类科目　　　　　　　　　　D. 明细分类科目

3. 开设明细分类账户的依据是(   )。

A. 总分类科目　　　　　　　　　　B. 明细分类科目

C. 试算平衡表　　　　　　　　　　D. 会计要素的内容

4. 根据科目内容划分,属于成本类账户的是(   )。

A. 主营业务成本　　　　　　　　B. 生产成本
C. 制造费用　　　　　　　　　　D. 管理费用

5. 会计账户的左方和右方,哪一方登记增加额,哪一方登记减少额,取决于(　　)。
A. 所记录经济业务的重要程度　　B. 开设账户时间的长短
C. 所记录的金额大小　　　　　　D. 所记录的经济内容和会计账户的性质

6. 在借贷记账法下,一般有借方余额的会计账户是(　　)。
A. 资产类　　　B. 负债类　　　C. 损益类　　　D. 费用类

7. 下列各项中,在借贷记账法下关于所有者权益类账户结构描述正确的是(　　)。
A. 借方登记减少　　　　　　　　B. 贷方登记增加
C. 借方登记增加　　　　　　　　D. 贷方登记减少

8. 下列各项中,属于资产类账户的是(　　)。
A. 实收资本　　　　　　　　　　B. 应收账款
C. 预收账款　　　　　　　　　　D. 预付账款

9. 下列各项中,关于损益类账户的说法正确的是(　　)。
A. 损益类账户具体包括费用类账户和收入类账户两类账户
B. 费用类账户与收入类账户记录增加的方向一致
C. 费用类账户与收入类账户记录减少的方向一致
D. 费用类账户与收入类账户一般都没有余额

10. 下列选项中,会计账户的贷方登记增加,借方登记减少的是(　　)。
A. 库存商品　　　　　　　　　　B. 短期借款
C. 管理费用　　　　　　　　　　D. 资本公积

11. "应收账款"账户期初借方余额为230万元,本期借方发生额为350万元,本期借方余额为300万元,该会计账户贷方发生额为(　　)万元。
A. 180　　　B. 280　　　C. 150　　　D. 250

12. 会计科目按经济内容分类,"本年利润"科目属于(　　)。
A. 资产类科目　　　　　　　　　B. 所有者权益类科目
C. 成本类科目　　　　　　　　　D. 损益类科目

13. 累计折旧账户期初余额为5 000元,本期借方发生额为4 000元,本期贷方发生为2 000元,该会计账户余额为(　　)元。
A. 借方7 000　　　　　　　　　B. 贷方7 000
C. 借方3 000　　　　　　　　　D. 贷方3 000

14. 下列会计账户中,用贷方登记增加额的会计账户是(　　)。
A. 预付账款　　　　　　　　　　B. 实收资本
C. 盈余公积　　　　　　　　　　D. 应付股利

15. 会计分录的基本要素包括（　　）。
   A. 记账符号　　　　　　　　　B. 记账时间
   C. 记账金额　　　　　　　　　D. 账户名称
16. 复合会计分录是指（　　）。
   A. 一借一贷的会计分录　　　　B. 一借多贷的会计分录
   C. 多借一贷的会计分录　　　　D. 多借多贷的会计分录
17. 借贷记账法下，总分类账户发生额的试算平衡依据是（　　）。
   A. 资产＝负债＋所有者权益
   B. 收入－费用＝利润
   C. 有借必有贷，借贷必相等
   D. 期末余额＝期初余额＋本期增加额－本期减少额
18. 借贷记账法下，总分类账户余额的试算平衡依据是（　　）。
   A. 资产＝负债＋所有者权益
   B. 收入－费用＝利润
   C. 有借必有贷，借贷必相等
   D. 期末余额＝期初余额＋本期增加额－本期减少额
19. 不会引起借贷不平衡的错误有（　　）。
   A. 遗漏一张记账凭证未登记入账
   B. 记入赊购业务的记账凭证中，仅将应付账款登记入账
   C. 将制造费用3 000，误记为管理费用3 000
   D. 从银行提取现金的记账凭证被重复登记两次
20. 某企业在"原材料"总分类账户下开设了"A材料""B材料"和"C材料"3个明细分类账户。本月"原材料"总分类账户的贷方发生额为2 500万元，"A材料"明细分类账户贷方发生额为850万元，"B材料"明细分类账户的贷方发生额为730万元，则本月"C材料"明细分类账户的发生额应当是（　　）。
   A. 借方4 080万元　　　　　　B. 借方920万元
   C. 贷方920万元　　　　　　　D. 贷方4 080万元

任务四　判断辨析题

练习要求：判断每小题的表述是否正确。（正确打"√"，错误打"×"，并在辨析处写出正确答案）。

1. 会计科目的性质决定了会计账户的性质，会计科目的分类决定了账户的分类。
（　　）

辨析：

2. 明细分类科目就是二级科目。　　　　　　　　　　　　　　　　（　　）
辨析：

3. 会计科目是根据会计账户设置的。　　　　　　　　　　　　　　（　　）
辨析：

4. 会计账户的简单格式分为左右两方，其中左方表示增加，右方表示减少。（　　）
辨析：

5. "预付账款"账户借方登记增加额，贷方登记减少额，期末若有余额一般在借方。
　　　　　　　　　　　　　　　　　　　　　　　　　　　　　　（　　）
辨析：

6. "税金及附加"账户借方登记增加额，贷方登记减少额，期末一般没有余额。
　　　　　　　　　　　　　　　　　　　　　　　　　　　　　　（　　）
辨析：

7. 资产类账户期末借方余额＝期初借方余额＋本期借方发生额－本期贷方发生额。
　　　　　　　　　　　　　　　　　　　　　　　　　　　　　　（　　）
辨析：

8. 权益类账户期末余额＝期初贷方余额＋本期贷方发生额－本期借方发生额。
　　　　　　　　　　　　　　　　　　　　　　　　　　　　　　（　　）
辨析：

9. 在借贷记账法下，收入类账户的借方登记减少额，贷方登记增加额，期末余额一般在贷方。　　　　　　　　　　　　　　　　　　　　　　　　　（　　）
辨析：

10. 年末所有损益类科目的余额均为零，表明当年收入或费用一定是零。（　　）
辨析：

11. 一借一贷的会计分录属于简单会计分录。   （ ）
辨析：

12. 存在着对应关系的会计账户互为对应账户。   （ ）
辨析：

13. 总分类账户用来提供总括的核算资料，它除了用货币单位进行金额核算，必要时还应用实物单位进行数量核算。   （ ）
辨析：

14. 总分类账户与明细分类账户的平行登记要求总分类账户与明细分类账户必须在同一天登记。   （ ）
辨析：

15. 可根据明细分类账户汇总登记总分类账户。   （ ）
辨析：

项目二　专业技能训练

任务一　会计账户的分辨和确定

资料： 广山有限责任公司会计核算常用的主要会计账户如下：

"库存现金""银行存款""原材料""生产成本""库存商品""应收票据""其他应付款""长期股权投资""固定资产""财务费用""无形资产""长期待摊费用""资本公积""其他应收款""所得税费用""短期借款""应付账款""应收账款""管理费用""应交税费""销售费用""长期借款""应付债券""生产成本""预付账款""长期应付款""制造费用""应付票据""主营业务成本""应付职工薪酬""实收资本""交易性金融资产""在途物资""本年利润""主营业务收入""其他业务收入""营业外收入""其他业务成本""税金及附加""盈余公积""利润分配""预收账款"账户等。

要求： 分辨会计账户类型，确定会计账户属性，即哪些属于流动资产类账户；哪些属于非流动资产类账户；哪些属于流动负债类账户；哪些属于非流动负债类账户；哪些属于所有者权益类账户；哪些属于成本类的账户；哪些属于损益类中的收入账户；哪些属于损益类中的费用账户。

1. 属于流动资产类账户的有：

2. 属于非流动资产类账户的有：

3. 属于流动负债类账户的有：

4. 属于非流动负债类账户的有：

5. 属于所有者权益类账户的有：

6. 属于成本类账户的有：

7. 属于损益类中收入类账户的有：

8. 属于损益类中费用类账户的有：

任务二　会计账户结构的理解和应用

资料: 广山有限责任公司2×23年8月有关会计账户的总分类账户发生额及余额试算平衡表如表3-1所示：

表3-1　　　　　　　　　　总分类账户发生额及余额试算平衡表

2×23年8月31日　　　　　　　　　　　　　　　单位:元

账户名称	期初余额		本期发生额		期末余额	
	借方	贷方	借方	贷方	借方	贷方
库存现金	6 000		18 500	(a)	5 500	
银行存款	(b)		1 650 000	1 560 000	120 000	
应收账款	68 000		(c)	86 000	80 000	
原材料	188 000		128 000	(d)	129 000	
生产成本	68 800		116 000	132 000	(e)	
固定资产	(f)		950 000	668 800	9 666 000	
应付账款		(g)	135 000	195 400		96 000
长期借款		590 000	(h)	1 000 000		600 000
实收资本		8 500 000	872 700	(i)		8 927 300
盈余公积		620 000	830 000	640 000		(j)
合计	9 745 600	9 745 600	5 788 200	5 788 200	10 053 300	10 053 300

要求: 根据表3-1中的资料，依据会计账户类别和期末余额计算公式，分别列式计算a、b、c、d、e、f、g、h、i、j的金额。

库存现金：∵　　　　　　　　　　　　∴ a=　　　　（元）

银行存款：∵　　　　　　　　　　　　∴ b=　　　　（元）

应收账款：∵　　　　　　　　　　　　∴ c=　　　　（元）

原材料：∵　　　　　　　　　　　　　∴ d=　　　　（元）

生产成本：∵　　　　　　　　　　　　∴ e=　　　　（元）

固定资产:∵   ∴f＝   （元）

应付账款:∵   ∴g＝   （元）

长期借款:∵   ∴h＝   （元）

实收资本:∵   ∴i＝   （元）

盈余公积:∵   ∴j＝   （元）

任务三　会计要素、会计科目和会计等式的理解和应用

资料(一): 广山有限责任公司 2×23 年 10 月 1 日有关项目的金额如下:

1. 存放在出纳处的现金 500 元。
2. 存放在银行里的资金 144 500 元。
3. 向银行借入 3 个月期限的临时借款 600 000 元。
4. 仓库中存放的材料 380 000 元。
5. 仓库中存放的已完工产品 60 000 元。
6. 车间正在加工中的在产品 75 000 元。
7. 向银行借入期限为 2 年的借款 1 450 000 元。
8. 企业购入的房屋及建筑物 2 400 000 元。
9. 所有者投入的资金 2 000 000 元。
10. 企业购入的机器设备 750 000 元。
11. 应收购货单位的货款 140 000 元。
12. 应付外单位的材料款 120 000 元。
13. 以前年度积累的未分配利润 280 000 元。
14. 企业购买准备短期持有的股票 500 000 元。

要求: 将上述各项目的金额填入对应的会计要素,并将所用会计科目填入表 3-2 对应处。

表3-2　　　　　　　　　资产、负债、所有者权益和会计科目确认表　　　　　　　　单位:元

序号	项目	会计科目	资产	负债	所有者权益
1	存放在出纳处的现金				
2	存放在银行里的资金				
3	向银行借入3个月期限的临时借款				
4	仓库中存放的材料				
5	仓库中存放的已完工产品				
6	车间正在加工中的在产品				
7	向银行借入期限为2年的借款				
8	企业购入的房屋及建筑物				
9	所有者投入的资金				
10	企业购入的机器设备				
11	应收外单位的货款				
12	应付外单位的货款				
13	以前年度积累的未分配利润				
14	购买准备短期持有的股票				

资料(二): 广山有限责任公司2×23年10月31日有关项目如下:

1. 销售A产品的收入50 000元。

2. 结转已销A产品的制造成本30 000元。

3. 银行的利息及手续费1 000元。

4. 行政管理部门的水电费2 000元。

5. 销售产品应纳的消费税4 000元。

6. 销售B产品的收入80 000元。

7. 结转已销B产品的制造成本50 000元。

8. 销售不需用的材料20 000元。

9. 结转已销材料的进货成本16 000元。

10. 广告宣传费5 000元。

11. 对外投资收入18 000元。

12. 罚没收入15 000元。

13. 捐赠支出10 000元。

14. 所得税16 250元。

要求：将上述各项目的金额填入表 3-3 对应的会计要素,并将所用会计科目填入表 3-3 对应处。

表 3-3　　　　　　　　　　　　收入、费用、利润和会计科目确认表　　　　　　　　　　　　单位:元

序号	项目	会计科目	收入	费用	利润
1	销售 A 产品的收入				
2	结转已销 A 产品的制造成本				
3	银行的利息及手续费				
4	行政管理部门的水电费				
5	销售产品应纳的消费税				
6	销售 B 产品的收入				
7	结转已销 B 产品的制造成本				
8	销售多余不需用的材料				
9	结转已销材料的进货成本				
10	广告宣传费				
11	对外投资收入				
12	罚没收入				
13	捐赠支出				
14	所得税				

任务四　借贷记账法应用

资料：

1. 广山有限责任公司 2×23 年 10 月 1 日有关会计账户的期初余额如表 3-4 所示。

表 3-4　　　　　　　　　　2×23 年 10 月 1 日有关会计账户期初余额表　　　　　　　　　　单位:元

资产类账户	金额	负债及所有者权益类账户	金额
库存现金	1 000	负债:	
银行存款	135 000	短期借款	62 000
应收账款	10 000	应付账款	8 000
生产成本	40 000	负债合计	70 000
原材料	120 000	所有者权益:	

（续表）

资产类账户	金额	负债及所有者权益类账户	金额
库存商品	24 000	实收资本	860 000
固定资产	600 000	所有者权益合计	860 000
总计	930 000	总计	930 000

2. 广山有限责任公司 10 月份发生部分经济业务如下：

（1）购进材料一批,计价 10 000 元(不考虑增值税),材料验收入库,货款以银行存款支付。

（2）生产车间生产领用甲材料 40 000 元。

（3）从银行存款账户支取现金 400 元。

（4）以银行存款购入新汽车一辆,计价 100 000 元。

（5）用银行存款偿还供货单位材料款 3 000 元。

（6）生产车间生产领用乙材料 25 000 元。

（7）收到购货单位前欠货款 3 000 元,存入银行。

（8）以银行存款 16 000 元,归还短期借款 12 000 元,归还应付供货单位货款 4 000 元。

（9）接受 M 公司投资 20 000 元,存入银行。

（10）收到购货单位前欠货款 4 000 元,其中:收到转账支票 3 600 元已办妥银行进账手续,收到现金 400 元。

要求：

1. 根据广山有限责任公司 10 月份发生的经济业务,编制会计分录。

2. 根据表 3-4 期初余额表资料开设 T 形账户,登记期初余额,将 10 月份发生的经济业务登入 T 形账户中,如图 3-1 至图 3-10 所示并计算出本期发生额和期末余额,最后根据 T 形账户的数据编制试算平衡表,如表 3-5 所示。

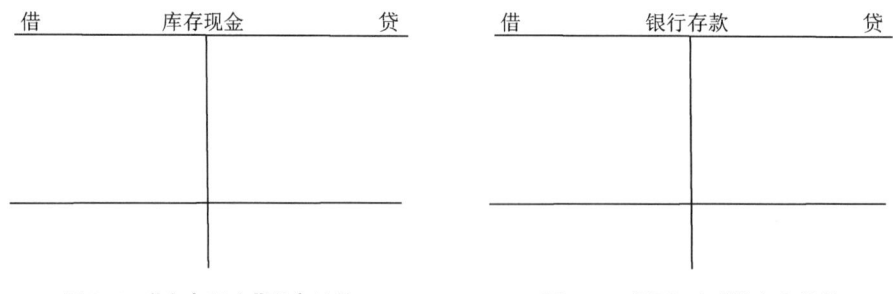

图 3-1 "库存现金"账户结构　　图 3-2 "银行存款"账户结构

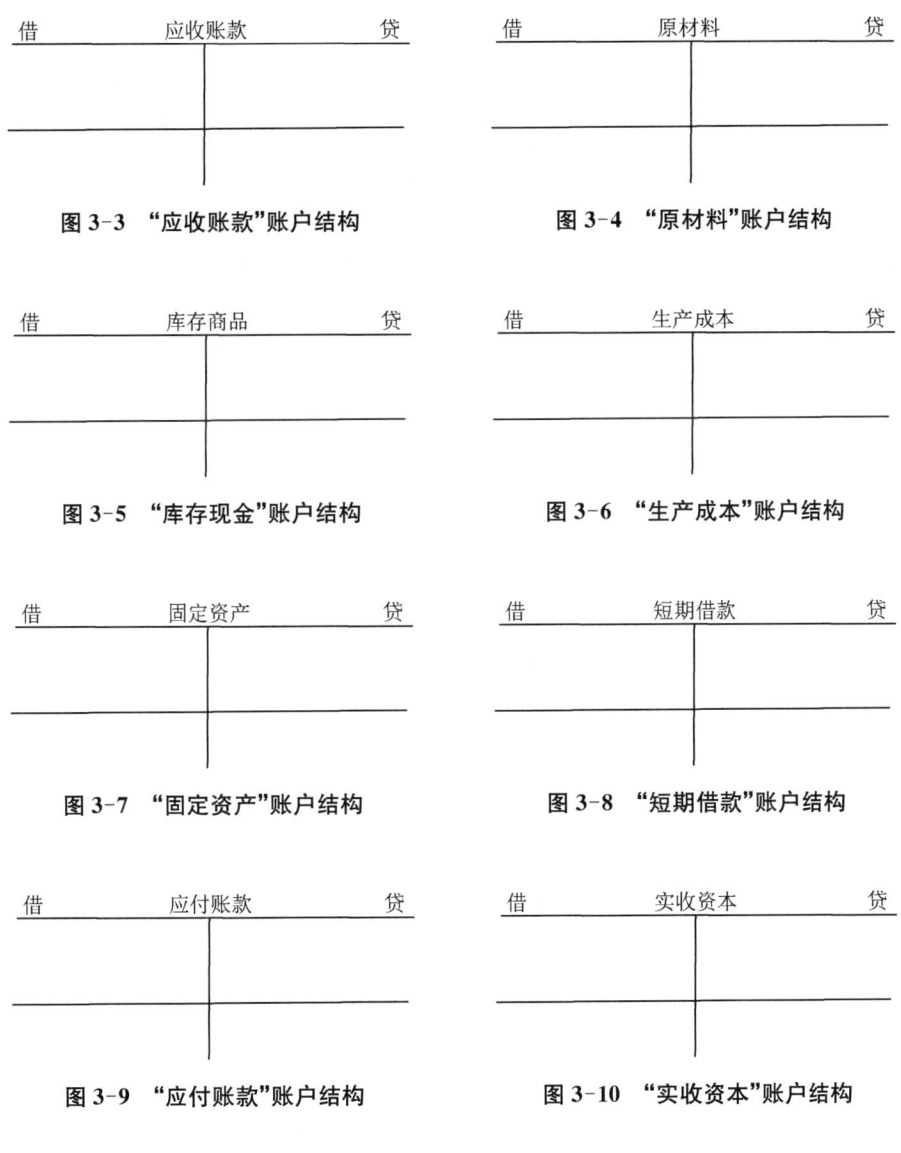

图 3-3 "应收账款"账户结构　　图 3-4 "原材料"账户结构

图 3-5 "库存现金"账户结构　　图 3-6 "生产成本"账户结构

图 3-7 "固定资产"账户结构　　图 3-8 "短期借款"账户结构

图 3-9 "应付账款"账户结构　　图 3-10 "实收资本"账户结构

表 3-5　　　　　　　　　　试 算 平 衡 表

2×23 年 10 月 31 日　　　　　　　　　　单位：元

会计科目	期初余额		本期发生额		期末余额	
	借方	贷方	借方	贷方	借方	贷方
库存现金						
银行存款						
应收账款						
原材料						
库存商品						

(续表)

会计科目	期初余额		本期发生额		期末余额	
	借方	贷方	借方	贷方	借方	贷方
生产成本						
固定资产						
短期借款						
应付账款						
实收资本						
合 计						

项目三 案例分析

任务一 岗位案例

A公司的会计李某因工作调动要离开会计工作岗位,在会计机构负责人的监交下,与王某办理了会计工作交接手续。因为王某比较粗心,在交接时没有发现所接收的会计凭证存在问题。3个月后,有关部门在检查时发现了会计凭证中的问题。单位负责人在追究李某责任时,李某说:"会计凭证我已经移交给王某,应当由王某承担责任,与我无关。"请分析:李某的说法是否正确?说明理由。

任务二 综合案例

小艾作为华宏有限公司会计部门的实习生,第一天到公司上班,本公司的会计主管郑某给小艾出了如下10道题目进行测试,假如你是小艾,应如何将括号内所缺内容补充完整?

1. 出纳人员保管的现金,用( )账户核算。
2. 企业签发的商业汇票,用( )账户核算。
3. 企业购入需要安装的设备,用( )账户核算。
4. 各企业单位处理会计业务的方法和程序在不同会计期间要保持前后一致,不得随意变更,这符合会计信息质量特征的( )特征。
5. ( )要素是指过去的交易或事项形成的、预期会导致经济利益流出企业的现时义务。

6. "银行存款"账户:期初余额为240 000元,本期借方发生额为160 000,本期贷方发生额为102 000元,计算该账户的期末余额为(   )元。

7. "原材料"账户:期初余额为285 000元,本期贷方发生额为235 000元,期末余额为165 000元,计算该账户的本期借方发生额为(   )元。

8. "预付账款"账户:本期借方发生额为175 000元,本期贷方发生额为286 000元,期末余额为332 000元,计算该账户的期初余额为(   )元。

9. "长期借款"账户:期初余额为750 000元,本期借方发生额为510 000元,期末余额为860 000元,计算该账户的本期贷方发生额为(   )元。

10. "资本公积"账户:期初余额为880 000元,本期贷方发生额为560 000元,期末余额为680 000元,计算该账户的本期借方发生额为(   )元。

任务三 思政案例

刘新华是一位普通的会计人员,在十多年的财会工作中,恪尽职守,勤奋敬业,甘于清贫,淡泊名利。刘新华任职的上市公司是一家历史悠久的大型国有企业,但公司的产品质量与国外的同类产品相比有很大的差距。产品重要原料的80%需要依靠进口,自己生产的原料质量达不到国内重要大客户的要求。但进口原料价格昂贵,导致成本居高不下,其价格在市场中没有竞争优势,同时进口原料的产量波动也会对其产品造成直接的影响。

根据当时的情况,公司要想生存下去,就必须对原料自行生产,进行技术改造,提高原料质量。但进行技术改造,公司就需要投入大量的资金,相应的生产设备也要大量进口,并且在技术上也需要专家指导。但公司现金流不充足,技术改造需要的大量资金要从银行贷款,同时每年的贷款利息也是一笔很大的支出。

然而,这个重大决策却在匆忙之中由公司上市后的第一批领导层决定了。当在第二批领导层接手时,这个决策的失误就已经初见端倪了,公司因此走上亏损之路。在危难之际,第二批领导层匆忙上任。作为第二批领导层中的一员,刘新华上任以后开始认真分析公司目前所处的境况,公司所需设备是从国外进口的二手设备,公司高层对这个项目所需资金估计不足,2年内已经陆续投入2亿元,2年的资金利息让公司不堪重负,同时随着国际市场的变化,当公司在大张旗鼓地进行新项目的投入时,国外已经停止生产这种产品了,也就是说这种产品基本属于淘汰品种,受国外大环境的影响,国内市场对这种产品的需求也急转直下。

刘新华根据对公司目前状况的分析,清楚地意识到公司现在所处的困境,公司实际上已经陷入了一个死循环。正是在这个时候,公司面临会计师事务所的年报审计,如果按真实的数字进行披露,势必影响投资者的信心,最直接的是造成公司的股票价格大幅度下跌,而且极有可能跌破面值。于是,公司领导从公司的利益出发,同时也为了其自身利益,开始要求财务部门在数字上做一些文章，从而达到粉饰报表的目的。

显然，公司领导希望刘新华在今年的公司年度报表上做点文章。刘新华当然对公司当前面临的困境十分清楚，他对公司也很有感情，自从大学毕业后他就被分配到公司从事财务工作，一干就是 10 多年，加上自己的爱人也是公司的员工，这个公司可以说是他的半个家。但在工作中他已经养成了客观、严谨的工作态度和诚实可靠、有责任感的工作作风，这些都驱使他开源节流、廉洁自律、奉公守法，他不知如何去舞弊造假。在经过反复细致的痛苦思考后，刘新华毅然决然地决定离开公司。

刘新华走了，离开了他工作 10 多年的公司，带着他会计人的信念和执着。

问题：做假账还是丢饭碗，你认为刘新华的选择值得吗？刘新华的行为体现了什么样的会计职业道德？

模块四 企业主要经济业务的核算

项目一 基础知识积累

任务一 单项选择题

模块四
习题答案

练习要求：根据题意，选择正确答案。（每小题备选答案中，只有一个符合题意的正确答案）

1. 下列各项中，不应计入存货成本的是（　　）。
   A. 外购存货途中的合理损耗
   B. 一般纳税企业购进原材料支付的增值税
   C. 小规模纳税企业购进原材料支付的增值税
   D. 一般纳税企业进口原材料支付的关税

2. 某工业企业为增值税一般纳税人，2×23 年 10 月 5 日购入一批材料，增值税专用发票上注明的价款为 25 000 元，增值税税额为 3 250 元，运输途中合理损耗 3‰，材料入库前的挑选整理费为 300 元，材料已验收入库，全部款项已用银行存款支付。不考虑其他因素，该企业购入材料的入账价值为（　　）元。
   A. 25 000　　　B. 24 550　　　C. 28 550　　　D. 25 300

3. 企业核算短期借款利息时，不会涉及的会计账户是（　　）。
   A. 应付利息　　B. 财务费用　　C. 银行存款　　D. 短期借款

4. 企业因债权人撤销而转销无法支付的应付账款时，应将所转销的应付账款计入（　　）。
   A. 资本公积　　B. 其他应付款　　C. 营业外收入　　D. 其他业务收入

5. 企业支付的税收滞纳金应该计入（　　）。
   A. 管理费用　　B. 财务费用　　C. 营业外支出　　D. 其他业务成本

6. 下列费用中，不构成产品成本，而应直接计入当期损益的是（　　）。

A. 直接材料费　　B. 期间费用　　C. 直接人工费　　D. 制造费用

7. 甲公司月初"银行存款"账户借方余额为100万元,本月发生下列经济业务:

(1) 以银行存款购买原材料10万元。

(2) 向银行借款60万元,款项存入银行。

(3) 以银行存款归还前欠货款30万元。

(4) 收回应收账款20万元,款项已存入银行。

月末,甲公司"银行存款"账户借方余额为(　　)万元。

A. 60　　　　　B. 100　　　　C. 120　　　　D. 140

8. 下列各项中,准予从销项税额中抵扣进项税额的是(　　)。

A. 增值税一般纳税人取得的增值税专用发票

B. 增值税一般纳税人取得的普通发票

C. 增值税小规模纳税人取得的增值税专用发票

D. 增值税小规模纳税人取得的普通发票

9. 企业生产车间发生的管理人员工资应记入(　　)账户。

A. "管理费用"　　B. "制造费用"　　C. "生产成本"　　D. "其他业务成本"

10. 某工业企业2×22年度营业利润为2 520万元,主营业务收入为4 000万元,财务费用为15万元,营业外收入为50万元,营业外支出为40万元,所得税税率为25%。假定不考虑其他因素,该企业2×22年度的净利润应为(　　)万元。

A. 1 890　　　B. 1 897.5　　C. 1 505.6　　D. 2 996.25

11. 下列各项中,应当计入制造费用的有(　　)。

A. 行政部门固定资产的修理费　　　B. 生产车间生产工人工资

C. 生产车间固定资产修理费　　　　D. 生产车间管理人员工资

12. 下列各项中,应确认为其他业务收入的是(　　)。

A. 银行存款利息收入　　　　　　　B. 销售多余材料收入

C. 接受现金捐赠利得　　　　　　　D. 现金股利收入

13. 下列各项中,属于企业在产品的是(　　)。

A. 企业销售的自制半成品

B. 未经验收入库的在产品

C. 已经验收入库的外购材料

D. 已经完成全部生产过程并已验收入库的产品

14. 企业支付生产车间机器设备日常维护修理费用,应借记的会计账户是(　　)。

A. "管理费用"　　B. "生产成本"　　C. "在建工程"　　D. "制造费用"

15. 某企业销售一批商品,增值税专用发票上标明的价款为300万元,适用的增值税税率为13%,签发转账支票为购买方代垫运杂费10万元,款项尚未收回,该企业确认的应收账款为( )万元。

  A. 300   B. 310   C. 349   D. 339

16. 一般纳税人购入不需要安装的生产经营用固定资产支付的增值税进项税额应记入的账户是( )。

  A. "固定资产"   B. "营业外支出"   C. "在建工程"   D. "应交税费"

17. 2×23年7月1日,某企业向银行借入一笔经营周转资金100万元,期限6个月,到期一次还本付息,年利率为6%,借款利息按月预提,2×23年11月30日该短期借款的账面价值为( )万元。

  A. 100.5   B. 102.5   C. 100   D. 103

18. 下列各项中,能够导致银行存款增加的是( )。

  A. 从银行取得短期借款

  B. 从银行提取现金

  C. 销售商品收到对方开出的商业承兑汇票

  D. 销售货物尚未收到款项

19. 某企业2×23年8月份发生如下的费用:计提车间用固定资产折旧30万元,发生车间管理人员薪酬120万元,支付销售产品广告费90万元,预提短期借款利息60万元,支付管理部门业务招待费30万元,支付捐赠支出20万元,则该企业本期的期间费用总额为( )万元。

  A. 130   B. 180   C. 300   D. 350

20. 下列各项中,能够导致企业留存收益总额减少的是( )。

  A. 宣告派发现金股利   B. 以资本公积转增资本

  C. 提取盈余公积   D. 以盈余公积弥补亏损

21. 某公司2×23年年初所有者权益总额为1 360万元,当年实现净利润450万元,提取盈余公积45万元,向投资者分配现金股利200万元,本年内以资本公积转增资本50万元,投资者追加现金投资30万元。该公司年末所有者权益总额为( )万元。

  A. 1 565   B. 1 595   C. 1 640   D. 1 795

22. 企业销售商品时,代顾客垫付的运杂费应记入( )账户。

  A. "应收账款"   B. "预付账款"   C. "其他应收款"   D. "应付账款"

23. 甲、乙、丙共同投资设立A有限责任公司,注册资本为200万元,甲、乙、丙投入资本分别为120万元、50万元和30万元。A有限责任公司如期收到各投资者一次缴足的款项。下列各项中,说法不正确的是( )。

  A. 甲在公司所占比例是60%

  B. 乙在公司所占比例是25%

  C. 丙在公司所占比例是15%

D. A公司收到投资者投资应计入盈余公积

24. 某企业2×23年6月份销售甲产品一批,取得银行承兑汇票一张,价款为20 000元;销售乙产品一批,取得转账支票一张,价款为80 000元;收到5月份欠货款70 000元。根据权责发生制,该企业6月份销售收入为( )元。

    A. 20 000   B. 100 000   C. 150 000   D. 90 000

25. 企业为维持正常的生产经营所需资金而向银行等金融机构临时借入的款项称为( )。

    A. 长期借款   B. 短期借款   C. 长期负债   D. 流动负债

26. 工业企业出租固定资产所取得的租金收入,属于( )。

    A. 主营业务收入   B. 其他业务收入   C. 投资收益   D. 营业外收入

27. 企业发生的下列经济业务中,能引起资产和负债同时增加的业务是( )。

    A. 用银行存款购买原材料   B. 预收销货款存入银行
    C. 提取盈余公积   D. 年终结转净利润

28. 按权责发生制会计处理基础的要求,下列货款应确认为本月主营业务收入的是( )。

    A. 本月销售产品款项未收到   B. 上月销货款本月收存银行
    C. 本月预收下月货款存入银行   D. 收到本月仓库租金存入银行

29. 某企业只生产一种产品,2×23年5月1日月初在产品成本为7万元,5月份发生下列费用:生产领用材料12万元,生产工人工资4万元,制造费用2万元,管理费用3万元,广告费用16万元,月末在产品成本6万元。该企业5月份完工产品的生产成本为( )万元。

    A. 166   B. 18   C. 19   D. 236

30. 企业销售商品时代顾客垫付的运杂费应记入( )账户。

    A. "应收账款"   B. "预付账款"   C. "其他应收款"   D. "应付账款"

任务二 多项选择题

练习要求:根据题意,选择正确答案(每小题备选答案中,有两个或两个以上符合题意的正确答案)。

1. 下列各项中,应在发生时直接确认为期间费用的有( )。

    A. 专设销售机构固定资产的折旧费   B. 行政部门的业务招待费
    C. 管理人员差旅费   D. 车间管理人员薪酬

2. 下列各项中,影响营业利润的项目有( )。

    A. 营业外支出   B. 税金及附加   C. 营业外收入   D. 财务费用

3. 实际支付利息时,可能涉及的会计科目有( )。
   A. 财务费用　　　B. 应付利息　　　C. 银行存款　　　D. 库存现金

4. 下列各项中,不会引起所有者权益总额发生增减变动的有( )。
   A. 宣告发放现金股利　　　　　　B. 资本公积转增资本
   C. 盈余公积转增资本　　　　　　D. 接受投资者追加投资

5. 对于工业企业而言,属于主营业务收入的有( )。
   A. 产成品销售收入　　　　　　　B. 自制半成品销售收入
   C. 工业性服务收入　　　　　　　D. 材料销售收入

6. 下列经济业务中,应计入管理费用的有( )。
   A. 计提管理人员工资 50 万元　　　B. 发生业务招待费 20 万元
   C. 发生展览费 10 万元　　　　　　D. 发生违约金 5 万元

7. 盈余公积可以用于( )。
   A. 弥补亏损　　　　　　　　　　B. 转增资本
   C. 向投资者分配利润　　　　　　D. 为职工发放福利

8. 企业销售商品交纳的下列各项税费,可能记入"税金及附加"账户的有( )。
   A. 消费税　　　　B. 增值税　　　C. 教育费附加　　　D. 城市维护建设税

9. 下列各项中,属于企业期间费用的有( )。
   A. 管理费用　　　B. 财务费用　　　C. 制造费用　　　D. 销售费用

10. 下列各项中,可以影响可供分配利润项目的因素有( )。
    A. 年初未分配利润　　　　　　　B. 当年实现的净利润
    C. 提取的盈余公积　　　　　　　D. 盈余公积补亏

11. 甲公司注册资本总额为 500 万元,后收到乙公司投入的现金 120 万元,在原注册资本中占 20% 的份额,甲公司进行账务处理时,可能涉及的账户有( )账户。
    A. "银行存款"　　　　　　　　B. "实收资本(或股本)"
    C. "资本公积"　　　　　　　　D. "盈余公积"

12. 企业实收资本或股本增加的途径有( )。
    A. 股东大会宣告发放现金股利　　B. 接受投资者现金资产投资
    C. 经批准用盈余公积转增资本　　D. 经批准用资本公积转增资本

13. 下列各项中,可以通过"税金及附加"账户核算的有( )。
    A. 增值税　　　B. 资源税　　　C. 消费税　　　D. 车船税

14. 下列各项中,影响企业利润表"利润总额"项目的有( )。
    A. 销售费用　　　B. 财务费用　　　C. 所得税费用　　　D. 主营业务成本

15. 在账结法下,在期末需要结转到"本年利润"账户的有( )。
    A. 其他业务成本　　B. 主营业务成本　　C. 所得税费用　　D. 制造费用

16. 企业的资本金按其投资主体不同可以分为（　　）。
    A. 货币投资　　　B. 国家投资　　　C. 法人投资　　　D. 外商投资

17. 企业在采购材料过程中发生的下列费用中，不计入材料采购成本，而是计入管理费用的有（　　）。
    A. 采购人员差旅费　　　　　　　B. 专设采购机构经费
    C. 市内采购材料的零星运杂费　　D. 运输途中合理损耗

18. 在下列业务所产生的收入中，属于制造企业的其他业务收入的有（　　）。
    A. 出售无形资产收入　　　　　　B. 出售材料收入
    C. 接受捐赠收入　　　　　　　　D. 提供产品修理服务收入

19. 对于共同性采购费用，应分配计入材料采购成本，下列内容可以用来作为分配材料采购费用标准的有（　　）。
    A. 材料的买价　　B. 材料的种类　　C. 材料的重量　　D. 材料的体积

20. 下列各项中，最终应计入产品生产成本的有（　　）。
    A. 生产工人工资　　　　　　　　B. 生产产品耗用的材料费
    C. 生产设备折旧费　　　　　　　D. 管理部门人员工资

任务三　不定项选择题

练习要求：根据题意，选择正确答案（每小题备选答案中，有一个或一个以上符合题意的正确答案）。

1. 投资者投入的资金属于企业所有者权益中的（　　）。
   A. 盈余公积　　　　　　　　　　B. 银行存款
   C. 实收资本　　　　　　　　　　D. 资本公积（资本溢价）

2. 企业计提短期借款利息时，应贷记（　　）账户。
   A. "其他应付款"　B. "应付利息"　C. "财务费用"　D. "管理费用"

3. 某企业为增值税一般纳税人，外购一批原材料，取得增值税专用发票注明的价款为 30 000 元，增值税为 3 900 元，取得运费增值税专用发票注明发生运费 500 元，增值税为 45 元；该材料运输途中合理损耗 200 元，入库前的挑选整理费为 300 元，则原材料的入账价值为（　　）元。
   A. 33 900　　　B. 31 000　　　C. 30 800　　　D. 30 000

4. 外购材料的实际成本包括（　　）。
   A. 采购人员的工资　　　　　　　B. 运杂费
   C. 运输途中合理损耗　　　　　　D. 运输途中自然灾害损失

5. 一般纳税人购入机器设备时取得增值税专用发票，其入账价值包括（　　）。

A. 买价　　　　　B. 运杂费　　　　　C. 增值税　　　　　D. 进口关税

6. "生产成本"账户的期末借方余额表示(　　)。

A. 完工产品成本　　　　　　　　B. 半成品成本
C. 本月生产成本合计　　　　　　D. 期末在产品成本

7. 通过"累计折旧"账户对"固定资产"账户进行调整,反映固定资产的(　　)。

A. 原始价值　　　B. 折旧额　　　　　C. 净值　　　　　　D. 增加价值

8. "累计折旧"账户按其反映的经济内容应归入(　　)。

A. 损益类　　　　B. 费用类　　　　　C. 资产类　　　　　D. 负债类

9. 以现金支付职工生活困难补助费,应记入(　　)会计账户的借方。

A. "管理费用"　　B. "本年利润"　　　C. "营业外支出"　　D. "应付职工薪酬"

10. 企业计提固定资产折旧时,可能涉及的会计账户有(　　)账户。

A. "制造费用"　　B. "管理费用"　　　C. "财务费用"　　　D. "营业外支出"

11. 下列费用中,属于生产过程中发生的费用有(　　)。

A. 车间机器设备折旧费　　　　　B. 材料采购费用
C. 生产工人工资　　　　　　　　D. 生产产品耗用的材料

12. 产品成本项目一般包括(　　)。

A. 直接材料　　　B. 直接人工　　　　C. 制造费用　　　　D. 管理费用

13. 下列各项中,应记入"制造费用"账户的是(　　)。

A. 生产产品耗用的材料　　　　　B. 车间机器设备的折旧费
C. 生产工人的工资　　　　　　　D. 行政管理人员的工资

14. 下列各项中,应计入产品成本的费用是(　　)。

A. 销售费用　　　B. 财务费用　　　　C. 制造费用　　　　D. 管理费用

15. 下列各项中,应记入"销售费用"账户的是(　　)。

A. 为销售产品而发生的广告费　　B. 销售产品发生的业务招待费
C. 已销售产品的生产成本　　　　D. 销售产品发生的运费

16. "主营业务收入"账户月末(　　)。

A. 余额在借方　　　　　　　　　B. 余额在贷方
C. 无余额　　　　　　　　　　　D. 可能在借方也可能在贷方

17. 企业计算应交所得税时,应借记的会计账户是(　　)。

A. 利润分配　　　B. 所得税费用　　　C. 应交税费　　　　D. 税金及附加

18. 某公司主营业务收入为800万元、主营业务成本为500万元、管理费用为100万元、财务费用为10万元、销售费用为40万元、营业外支出为10万元,则营业利润为(　　)万元。

A. 150　　　　　　B. 140　　　　　　　C. 290　　　　　　D. 300

19. 期末应将（　　）账户的本期发生额转入"本年利润"账户贷方。
   A."主营业务收入"　　　　　　　　B."营业外收入"
   C."制造费用"　　　　　　　　　　D."管理费用"

20. 期末"制造费用"账户的金额应转入（　　）账户。
   A."生产成本"　　B."管理费用"　　C."财务费用"　　D."销售费用"

任务四　判断辨析题

练习要求：判断每小题的表述是否正确（正确打"√"，错误打"×"，并在辨析处写出正确答案）。

1. 投资者实际投资额超过注册资本的差额，应计入盈余公积。　　　　　　　　（　　）
   辨析：

2. 资本公积和盈余公积都与利润有关。　　　　　　　　　　　　　　　　　　（　　）
   辨析：

3. 短期借款是为了满足生产经营周期资金不足的临时需要。　　　　　　　　（　　）
   辨析：

4. "在途物资"账户期末如有借方余额，表示在途材料的实际成本。　　　　　（　　）
   辨析：

5. 材料采购费用一般直接体现在当期损益中，因此采购费用属于期间费用。（　　）
   辨析：

6. "应交税费"账户核算的内容不包括教育费附加。　　　　　　　　　　　　（　　）
   辨析：

7. 计算每批外购原材料单位成本应以材料采购总成本除以外购材料的数量。
   　　　　　　　　　　　　　　　　　　　　　　　　　　　　　　　　　　　　（　　）
   辨析：

8. 企业本期预收的销货款，属于企业本期的收入。　　　　　　　　　　　　（　　）
   辨析：

9. 企业生产车间月份内发生的间接费用记入"制造费用"账户,不能记入"生产成本"账户。 （　　）

辨析：

10. 计提固定资产折旧意味着固定资产价值的减少,累计折旧的增加。 （　　）

辨析：

11. 计提生产车间固定资产折旧应记入"生产成本"账户。 （　　）

辨析：

12. 行政管理部门领用的原材料应记入"制造费用"账户的借方。 （　　）

辨析：

13. "生产成本"账户期末如有借方余额,为尚未加工完成的各项在产品成本。

（　　）

辨析：

14. 企业职工工资和福利费应计入产品生产成本。 （　　）

辨析：

15. 企业应收未收的各种应收款项,均应通过"应收账款"账户核算。 （　　）

辨析：

项目二　专业技能训练

任务一　采购费用分配的核算

【实验目的】

资料：广山有限责任公司为一般纳税企业,2×23 年 6 月 10 日,向海华公司购入 A、B 两种材料：A 材料 3 000 千克,每千克 150 元,计 450 000 元；B 材料 2 000 千克,每千克 200 元,计 400 000 元。买价合计价款为 850 000 元,增值税税款为 110 500 元,价税合计为 960 500 元。两种材料共同发生的外地运杂费为 6 000 元(运杂费不考虑增值税)。所有款项已通过银行存款支付,增值税发票已经税务局认证,但材料尚未运抵企业。6月15日,材料运抵企业并验收入库。

要求:

1. 根据上述资料,以材料重量为分配标准,计算运杂费分配率和A、B材料应负担的运杂费,并根据计算结果填制采购费用分配表,如表4-1所示。

运杂费分配率=

A材料应负担的运杂费=

B材料应负担的运杂费=

表4-1　　　　　　　　　　　　　采购费用分配表

材料名称	材料重量(千克)	分配率(元/千克)	分配金额(元)
A材料			
B材料			
合计		—	

2. 根据上述资料,分别列式计算A、B材料的实际采购成本,并填制材料采购成本计算表,如表4-2所示。

A材料的实际采购成本=

B材料的实际采购成本=

表4-2　　　　　　　　　　　材料采购成本计算表　　　　　　　　　　金额单位:元

材料名称	材料重量(千克)	买价	采购费用	材料采购成本
A材料				
B材料				
合计				

3. 编制6月10日购入A、B材料的会计分录。

借:

贷:

4. 编制6月15日A、B材料验收入库的会计分录。

借：

贷：

任务二　制造费用分配、完工产品成本结转的核算

【实验目的】

掌握制造费用分配的核算和完工产品成本结转的核算。

资料：广山有限责任公司生产甲、乙两种产品，2×23年6月份有关甲、乙产品生产成本的资料如下：

1. 月初在产品成本资料如表4-3所示。

表4-3　　　　　　　　　　　　　月初在产品成本　　　　　　　　　　　　金额单位：元

产品名称	数量(件)	成本项目			
		直接材料	直接人工	制造费用	合　计
甲产品	160	5 000	3 000	1 500	9 500
乙产品	100	8 000	4 000	1 000	13 000
合　计	—	13 000	7 000	2 500	22 500

2. 本月发生的生产费用如表4-4所示。

表4-4　　　　　　　　　　　　本月发生的生产费用　　　　　　　　　　　　　单位：元

产品名称	直接材料	直接人工	制造费用
甲产品	40 000	50 000	40 000
乙产品	30 000	30 000	
合　计	70 000	80 000	40 000

3. 月末甲产品完工入库100件，月末尚有在产品60件，其单位成本的组成如下：直接材料100元/件，直接人工60元/件，制造费用30元/件。月末乙产品完工入库50件，全部完工无在产品。

要求：

1. 根据上述资料中生产工人工资比例，计算制造费用分配率和甲、乙产品分别应负

担的制造费用。根据计算结果填制制造费用分配表,如表4-5所示,并编制分配制造费用的会计分录。

制造费用分配率＝

甲产品应分配制造费用＝

乙产品应分配制造费用＝

表 4-5　　　　　　　　　　　　　制造费用分配表　　　　　　　　　　金额单位:元

产品名称	生产工人工资	分配率	分配金额
甲产品			
乙产品			
合 计			

分配制造费用的会计分录如下:

借:

贷:

2. 分别列式计算甲、乙产品的本月生产成本(即生产费用)、完工产品成本和完工产品单位成本。

甲产品本月生产成本＝

乙产品本月生产成本＝

甲产品完工产品成本＝

乙产品完工产品成本＝

甲产品完工产品单位成本＝

乙产品完工产品单位成本＝

3. 根据资料及上述计算结果,分别填制甲、乙产品的产品成本计算单,如表4-6和表4-7所示。

表4-6　　　　　　　　　　　　**产品成本计算单**

产品名称:甲产品　　　　　　　2×23年6月30日　　　　　　　　　　　　单位:元

摘　要	成　本　项　目			
	直接材料	直接人工	制造费用	合　计
月初在产品成本				
本月生产费用				
合　计				
完工产品成本				
完工产品单位成本				
月末在产品成本				

表4-7　　　　　　　　　　　　**产品成本计算单**

产品名称:乙产品　　　　　　　2×23年6月30日　　　　　　　　　　　　单位:元

摘　要	成　本　项　目			
	直接材料	直接人工	制造费用	合　计
月初在产品成本				
本月生产费用				
合　计				
完工产品成本				
完工产品单位成本				
月末在产品成本				

4. 根据表4-6和表4-7的产品成本计算单,编制月末结转完工产品成本的会计分录。

借:

贷:

任务三 制造业企业基本业务的核算

【实验目的】

掌握制造企业筹集资金业务、供应过程业务、产品生产过程业务、产品销售过程业务，以及财务成果形成与分配业务的具体核算。

资料： 广山有限责任公司为一般纳税人企业，2×23年12月发生的经济业务如下。

要求： 根据下列经济业务编制相应的会计分录。

1. 筹集资金业务

(1) 12月1日，广山有限责任公司根据合同收到投资者嘉诚公司的投资价值1 400 000元，其中：投入资金500 000元已存入银行账户，A材料一批价值200 000元已验收入库，不需安装的机床一台评估价300 000元，专利权一项评估价400 000元。

借：

贷：

(2) 12月1日，广山有限责任公司从银行取得为期6个月的借款150 000元，年利率为3%。款项已存入银行。利息按月确认，按季支付，到期还本。

借：

贷：

(3) 12月31日，计提本月应负担的短期借款利息为375元(150 000×3%÷12)。

借：

贷：

2. 供应过程业务

(1) 12月2日,广山有限责任公司从兴华公司购进A材料500件,单价为150元,计75 000元。增值税税率13%,增值税税额为9 750元,价税合计84 750元。A材料尚未入库,增值税专用发票已经税务局认证,价税款均暂欠。

借：

贷：

(2) 12月6日,广山有限责任公司12月2日从兴华公司购进的A材料运抵企业,验收入库。

借：

贷：

(3) 12月10日,广山有限责任公司签发转账支票用于支付12月2日所欠兴华公司材料价税款84 750元。

借：

贷：

(4) 12月13日,广山有限责任公司从海华公司购进B材料450件,单价为180元,计

81 000 元;购进 C 材料 350 件,单价为 260 元,计 91 000 元。增值税税率为 13%,增值税税额为 22 360 元,增值税专用发票已经税务局认证。两种材料尚未运抵企业,价税合计 194 360 元,广山有限责任公司开出并承兑一张 3 个月期限面值 194 360 元的商业承兑汇票结算款项。

借:

贷:

(5) 12 月 15 日,广山有限责任公司 12 月 13 日从海华公司购进的 B 材料和 C 材料运抵企业,验收入库。

借:

贷:

(6) 12 月 16 日,广山有限责任公司按合同规定用银行存款预付给光华公司订货款 30 000 元。

借:

贷:

(7) 12 月 18 日,广山有限责任公司从光华公司购进 C 材料 400 件,单价为 210 元,计 84 000 元,增值税税率为 13%,增值税税额为 10 920 元,价税合计 94 920 元。用现金支付运杂费 1 000 元(运杂费不考虑增值税),其余价税款项除冲销原预付款 30 000 元,不足款项当天签发转账支票支付。材料已验收入库。

借：

贷：

（8）12月20日，广山有限责任公司以现金支付采购员张弘预借的差旅费2 000元。

借：

贷：

（9）12月25日，采购员张弘出差归来报销差旅费1 650元，交回现金350元。

借：

贷：

（10）12月26日，广山有限责任公司从东方公司购入一台不需安装的生产设备，取得的增值税专用发票注明买价60 000元，增值税税额为7 800元。另外发生运杂费1 500元（不考虑增值税）、保险费500元，全部款项已签发转账支票支付。设备购回后即投入使用。

借：

贷：

3. 生产过程业务

(1) 12月5日,广山有限责任公司开出转账支票一张2 600元,用以支付所购办公用品费用,其中,生产车间领用1 000元,行政部门领用1 600元。

　　借:

　　贷:

(2) 12月9日,广山有限责任公司从银行提取现金240 000元,以备发放职工工资。

　　借:

　　贷:

(3) 12月10日,广山有限责任公司用现金240 000元发放职工工资。

　　借:

　　贷:

(4) 12月15日,广山有限责任公司以银行存款支付行政管理机构的临时房屋租赁费2 000元。

　　借:

贷：

(5) 12月28日，广山有限责任公司开出转账支票一张，支付行政管理部门设备修理费800元。

借：

贷：

(6) 12月29日，广山有限责任公司用银行存款支付生产车间的机器租赁费3 000元。

借：

贷：

(7) 12月31日，广山有限责任公司的材料仓库本月发出材料如表4-8所示。

表4-8　　　　　　　　　　　材料耗用汇总表

2×23年12月31日　　　　　　　　　　　　金额单位：元

用途	A材料		B材料		C材料		合计金额
	数量（千克）	金额	数量（千克）	金额	数量（千克）	金额	
产品生产耗用	450	67 500	550	110 000	350	105 000	282 500
其中：甲产品	200	30 000	300	60 000	200	60 000	150 000
乙产品	250	37 500	250	50 000	150	45 000	132 500
车间一般耗用	100	15 000	50	10 000			25 000
厂部管理耗用					120	36 000	36 000
合计	550	82 500	600	120 000	470	141 000	343 500

借：

贷：

(8) 12月31日,广山有限责任公司分配本月职工工资240 000元,其中生产工人工资为180 000元(生产甲产品工人工资为125 000元,生产乙产品工人工资为55 000元),车间管理人员工资为15 000元,行政管理人员工资为45 000元。

借：

贷：

(9) 12月31日,广山有限责任公司根据在岗职工数量及岗位分布情况计算补贴食堂的福利金额。2×23年12月在岗职工为80人,其中生产车间生产工人为60人(生产甲产品的工人为40人,生产乙产品的工人为20人),车间管理人员为5人,行政管理人员为15人。公司根据历史数据,对每位职工每个月补贴食堂福利200元。

借：

贷：

(10) 12月31日,广山有限责任公司开出转账支票将已经提取的16 000元补贴给食堂。

借：

贷：

(11) 12月31日,广山有限责任公司按照职工工资总额的12%计提基本养老保险费。

借：

贷：

(12) 12月31日,广山有限责任公司按要求将已经提取的基本养老保险费28 800元,缴存当地社会保险经办机构。

借：

贷：

(13) 12月31日,广山有限责任公司按照职工工资总额的14%计提基本医疗保险费。

借：

贷：

(14) 12月31日,广山有限责任公司按要求将已经提取的基本医疗保险费33 600元向社会保险机构缴纳。

借：

贷：

(15) 12月31日,广山有限责任公司编制出本月固定资产折旧计算表,本月应计提固定资产折旧 13 500 元,其中,生产车间固定资产应计提的折旧 8 750 元,行政管理部门固定资产应计提折旧 4 500 元。

借:

贷:

(16) 12月31日,广山有限责任公司开出转账支票一张 28 000 元,用以支付本月水电费。其中,车间耗用 17 000 元,行政部门耗用 11 000 元。

借:

贷:

(17) 12月31日,广山有限责任公司按照生产工人工资的比例,分配本月制造费用(分配率除不尽保留四位小数,金额保留两位小数)。

本月发生制造费用总额＝

制造费用分配率＝

甲产品应负担的制造费用＝

乙产品应负担的制造费用＝

借:

贷:

(18) 12月31日,广山有限责任公司结转本月完工入库产品成本(金额保留两位小数)。

广山有限责任公司生产甲、乙两种产品,甲产品月初在产品成本75 000元,其中,直接材料费54 000元,直接人工费14 500元,制造费用6 500元;月末完工入库甲产品1 500件,在产品300件,每件在产品经测算直接材料费180元、直接人工费50元、制造费用22元。乙产品月初和月末均无在产品,本月投产1 000件,月末全部完工验收入库。

甲产品生产成本＝

乙产品生产成本＝

甲产品完工产品成本＝

乙产品完工产品成本＝

甲产品完工产品单位成本＝

甲产品完工产品单位成本＝

借:

贷:

4. 销售过程业务

(1) 12月3日,广山有限责任公司向粤华公司赊销甲产品800件,每件为380元,货款为304 000元。增值税税率为13%,增值税税额为39 520元。价税合计343 520元。另外,用银行存款为粤华公司垫付运杂费3 000元。产品已发出。

借：

　　贷：

(2) 12月12日，广山有限责任公司向振华公司出售乙产品600件，每件330元，货款为198 000元。增值税税率为13％，增值税税额为25 740元。价税合计223 740元。振华公司用转账支票支付全部价款。产品已发出。

借：

　　贷：

(3) 12月16日，广山有限责任公司向振华公司销售乙产品300件，每件售价为360元。开出的增值税专用发票上注明的价款为108 000元，增值税税额为14 040元，价税合计122 040元。广山有限责任公司以银行存款代垫运杂费1 000元，产品已发出。广山有限责任公司收到振华公司签发并承兑的一张期限为3个月面值的商业汇票。产品已发出。

借：

　　贷：

(4) 12月21日，广山有限责任公司按照合同规定，预收兴隆公司订购甲产品的货款150 000元，款项已收到存入银行。

借：

　　贷：

(5) 12月23日，广山有限责任公司按照合同向兴隆公司发出甲产品500件，每件为400元，发票注明的价款为200 000元，增值税税额为26 000元，价税合计226 000元。产品已发出，并用现金代垫运杂费2 200元。原预收款不足，其差额部分当天收到并存入银行。

借：

　　贷：

(6) 12月26日,广山有限责任公司销售一批A材料,开出的增值税专用发票上注明的价款为40 000元,增值税税额为5 200元,价税合计45 200元。收到转账支票一张送存银行。

借：

　　贷：

(7) 12月28日,广山有限责任公司签发转账支票,用于支付广告费8 500元。

借：

　　贷：

(8) 12月31日,结转本月已销售甲、乙产品的生产成本(即销售成本)。(完工甲产品单位生产成本244.49元/件,完工乙产品单位生产成本228.61元/件)

本月已销售甲产品生产成本＝

本月已销售乙产品生产成本＝

借：

　　贷：

(9) 12月31日,结转本月已销A材料的采购成本为28 000元。

借：

贷:

(10) 12月31日,经计算,广山有限责任公司本月应缴纳的消费税为15 300元,城市维护建设税为6 000元,教育费附加为1 500元。

借:

贷:

(11) 12月31日,广山有限责任公司用现金支付印花税300元。

借:

贷:

5. 财务成果形成与分配业务

(1) 12月31日,广山有限责任公司收到供货单位因违约支付的赔偿款20 811元。

借:

贷:

(2) 12月31日,广山有限责任公司向某受灾地区捐赠10 000元,款项已签发转账支票支付。

借:

贷:

(3) 12月31日,广山有限责任公司将本月各项收入类账户的贷方余额转入"本年利润"账户,其中主营业务收入为810 000元,其他业务收入为40 000元,营业外收入为

20 811 元。

借：

　　贷：

(4) 12月31日，广山有限责任公司将本月各项费用类账户的借方余额转入"本年利润"账户，其中主营业务成本为523 586元，其他业务成本为28 000元，税金及附加为23 100元，管理费用为117 250元，销售费用为8 500元，财务费用为375元，营业外支出为10 000元。

借：

　　贷：

(5) 12月31日，广山有限责任公司计算本月应交的所得税（假设没有纳税调整项目）。

营业利润＝

利润总额＝

应交所得税＝

借：

　　贷：

(6) 12月31日，广山有限责任公司将所得税费用转入"本年利润"账户。

借：

　　贷：

(7) 12月31日，广山有限责任公司将净利润转入"利润分配——未分配利润"账户。

净利润＝

借：

　　贷：

(8) 12月31日，广山有限责任公司按净利润的10％提取法定盈余公积，按净利润的5％提取任意盈余公积。

提取的法定盈余公积＝

提取的任意盈余公积＝

借：

　　贷：

(9) 12月31日，广山有限责任公司按净利润的15％，宣告向投资者分配现金股利。

应付现金股利＝

借：

　　贷：

(10) 12月31日，广山有限责任公司将"利润分配"账户各明细账户的借方余额转入

"利润分配——未分配利润"账户的借方,并计算确定年末未分配利润的数额(假设"利润分配——未分配利润"账户年初无余额)。

借:

  贷:

年末未分配利润=

项目三 案例分析

任务一 岗位案例

A公司2023年5月25日"银行存款"账户余额为20万元。当日,A公司从B公司购买甲材料一批,金额为35万元,并给B公司签发了面额为35万元的转账支票一张。

试分析:

(1) A公司开出的这张转账支票属于什么性质的支票?

(2) 中国人民银行是否可以对A公司进行罚款?

(3) 罚款金额是多少?

任务二 综合案例

甲企业为增值税一般纳税人,销售产品适用的增值税税率为13%,"应交税费"账户期初余额为零。采用实际成本进行存货日常核算。2023年12月该企业发生与存货相关的经济业务如下:

(1) 6日,从乙企业采购一批原材料,取得增值税专用发票注明的价款为1 000 000元,增值税税额为130 000元,原材料验收入库。甲企业开其一张面值为1 130 000元的银行承兑汇票,同时支付承兑手续费5 330元,增值税税率为6%,取得的增值税专用发票注明的增值税税额为320元。

(2) 10日,甲企业向丙企业销售一批不需用的原材料,开具的增值税专用发票注明的价数为 5 000 000 元,增值税税额为 650 000 元,收到一张面值为 5 650 000 元,期限为 2 个月的商业承兑汇票。该批原材料的实际成本为 4 000 000 元。

(3) 27日,领用一批自产产品作为福利发给 300 名职工,其中专设销售机构人员 100 名,总部管理人员 200 名。该批产品不含增值税的售价为 300 000 元,实际成本为 210 000 元。

要求:根据上述资料,不考虑其他因素,分析回答下列小题(不定项选择)。

1. 根据业务(1),下列各项目中,甲企业采购原材料会计处理正确的是(　　)。

 A. 借:财务费用   5 330
   应交税费——应交增值税(进项税额)   320
   贷:银行存款   5 650

 B. 借:材料采购   1 000 000
   应交税费——应交增值税(进项税额)   130 000
   贷:其他货币资金   1 130 000

 C. 借:原材料   1 000 000
   应交税费——应交增值税(进项税额)   130 000
   贷:应付票据   1 130 000

 D. 借:原材料   1 130 000
   贷:应付票据   1 130 000

2. 根据业务(2),下列各项中,甲企业销售原材料会计处理表述正确的是(　　)。

 A. 贷记"其他业务收入"账户 5 000 000 元
 B. 贷记"应交税费——应交增值税(销项税额)"账户 650 000 元
 C. 借记"其他业务成本"账户 4 000 000 元
 D. 借记"其他货币资金"账户 5 650 000 元

3. 根据业务(3),下列各项中,甲企业发放福利会计处理表述正确的是(　　)。

 A. 贷记"应交税费——应交增值税(销项税额)"账户 39 000 元
 B. 贷记"主营业务收入"账户 300 000 元
 C. 借记"管理费用"账户 226 000 元
 D. 借记"销售费用"账户 70 000 元

4. 根据业务(1)至(3),甲企业 12 月应交纳增值税的金额是(　　)元。
 A. 689 000   B. 650 000   C. 558 968   D. 55 9000

5. 根据业务(1)至(3),上述业务导致甲企业 12 月 31 日资产负债表"存货"项目变动金额是(　　)元。

A. 3 210 000　　　B. 3 000 000　　　C. 4 000 000　　　D. 4 210 000

任务三　思政案例

1. 林某的表哥刘某经营一家小型的家电维修店。最近接到一个30多万元的订单,但由于时间紧迫,他一时凑不齐10多万元的材料款。于是刘某想到了在证券公司做会计的表妹林某。林某了解到具体情况之后,挪用公司账户的存款10万元,解决了表哥刘某的燃眉之急。半个月之后,林某又将表哥刘某返还的10万元存入公司银行账户,公司毫无察觉。林某暗自窃喜,自己既帮了表哥刘某,又没有损害公司的利益,真是一举两得!

问题:试从会计职业道德的角度分析,林某的行为属于何种行为?

2. 南京纺织品进出口股份有限公司(以下简称"南纺股份")主要的经营业务涉及机电、纺织品、服装等进出口业务,南纺公司旗下的子公司共有27家,且拥有12家参股公司,这些子公司和参股公司的主要业务包括纺织品、展会、医药和机电产品等方面。公司于2001年在上海证券交易所上市,实现主营业务收入29亿元。2004年,该公司净利润为6 205.26亿元。但自此之后,南纺公司的业绩开始逐年下滑,2011年7月,在南京市纪委、公安局、审计局等多方协助下,证监会约谈南纺公司的高管单晓钟、丁杰、刘盛宁等,2012年3月23日,南纺公司由于涉嫌违反法律法规进行财务舞弊,收到证监会发出的调查通知书。之后,南纺公司于2012年3月27日称公司受到证监会调查,但并未说明具体原因。

2012年11月28日,上海证券交易所公开谴责南纺公司,指出该公司董事长单晓钟、副总经理刘盛宁和副总经理丁杰共同欺骗造假,对公司的舞弊负有重大责任。

2014年5月,证监会在行政处罚决定书中指出,2006年至2010年,南纺公司连续虚构盈利3.4亿元,2006年虚构利润3 109万元,2007年虚构利润4 223万元,2008年虚构利润1.52亿元,2009年和2010年分别虚构利润6 053万元和5 864万元。与万福生科、绿大地等典型造假案例相比,南纺公司的时间跨度、造假方法和数额有过之而无不及。与此同时,证监会相关负责人对南纺股份有限责任公司作出行政处罚,具体金额为:南纺公司被罚50万元,负责人被罚款3万~20万元,共计153万元。

问题:南纺有限责任公司财务舞弊事件给我们什么启示?

模块五　会计凭证

项目一　基础知识积累

任务一　单项选择题

模块五
习题答案

练习要求:根据题意,选择正确答案(每小题备选答案中,只有一个符合题意的正确答案)。

1. 下列各项中,属于外来原始凭证的是(　　)。
   A. 购买货物时取得的增值税专用发票　　B. 收料单
   C. 领料单　　　　　　　　　　　　　　D. 限额领料单

2. 按照原始凭证的来源不同,领料单属于(　　)。
   A. 外来原始凭证　B. 自制原始凭证　C. 一次凭证　　D. 累计凭证

3. 下列各项中,属于一次凭证的是(　　)。
   A. 固定资产卡片　B. 收料单　　C. 限额领料单　　D. 发料凭证汇总表

4. 记账凭证可分为收款凭证、付款凭证和转账凭证,其分类依据是(　　)。
   A. 格式不同　　　　　　　　　　B. 反映的经济业务内容不同
   C. 填列方式不同　　　　　　　　D. 依据的原始凭证不同

5. 下列各项中,属于企业累计凭证的是(　　)。
   A. 增值税专用发票　　　　　　　B. 出差报销的火车票
   C. 银行结算凭证　　　　　　　　D. 限额领料单

6. 以银行存款归还短期借款的业务,应编制(　　)。
   A. 付款凭证　　B. 收款凭证　　C. 转账凭证　　D. 以上均可

7. 原始凭证是(　　)。
   A. 登记日记账的根据　　　　　　B. 编制汇总记账凭证的根据
   C. 编制科目汇总表的根据　　　　D. 编制记账凭证的根据

8. 7月15日,行政管理人员王某将标明日期为6月25日的发票拿到财务科报销,经审核后会计人员依据该发票编制记账凭证时,记账凭证的日期应为( )。

A. 6月25日　　　B. 7月1日　　　C. 6月30日　　　D. 7月15日

9. 原始凭证按照其填列手续不同,可以分为( )。

A. 收款凭证、付款凭证和转账凭证　　B. 外来原始凭证和自制原始凭证

C. 单式凭证和复式凭证　　D. 一次凭证、累计凭证和汇总原始凭证

10. 记账凭证按照包括内容的不同,可以分为( )。

A. 一次凭证、累计凭证和汇总原始凭证

B. 收款凭证、付款凭证和转账凭证

C. 单一记账凭证、汇总记账凭证和科目汇总表

D. 单式凭证和复式凭证

11. 根据一定期间的记账凭证全部汇总填制的凭证是( )。

A. 汇总原始凭证　　B. 科目汇总表　　C. 复式凭证　　D. 累计凭证

12. 填制原始凭证时应做到大小写数字符合规范,填写正确。大写金额为"人民币贰仟零壹元柒角整",其小写金额应为( )。

A. 2 001.70元　　B. ￥2 001.70　　C. ￥2 001.70元　　D. ￥2 001.7—

13. 生产车间生产产品领用原材料,应编制的专用记账凭证是( )。

A. 收款凭证　　B. 付款凭证　　C. 转账凭证　　D. 一次凭证

14. 销售产品一批售价20 000元(不考虑增值税),部分货款15 000元已收回并存入银行,另有部分货款5 000元尚未收到,应填制的专用记账凭证是( )。

A. 收款凭证和转账凭证　　B. 付款凭证和转账凭证

C. 收款凭证和付款凭证　　D. 两张转账凭证

15. 下列会计账户中不可能成为付款凭证贷方账户的是( )。

A. "库存现金"账户　　B. "银行存款"账户

C. "库存现金"或"银行存款"账户　　D. "制造费用"账户

16. 在填制凭证时,"￥2 003.80"的大写金额应该为( )。

A. 人民币贰仟零叁元捌角　　B. 人民币贰仟零叁元捌角整

C. 人民币贰仟叁元捌角　　D. 人民币贰仟叁元捌角整

17. 下列凭证中,不属于复式记账凭证的是( )。

A. 借项凭证　　B. 收款凭证　　C. 付款凭证　　D. 通用记账凭证

18. 下列各项中,不属于自制原始凭证的是( )。

A. 借款单　　B. 领料单　　C. 工资发放明细表　　D. 材料请购单

19. 记账凭证的基本内容不包括( )。

A. 接受凭证的单位名称　　B. 记账凭证的编号

C. 记账凭证的日期　　　　　　　D. 记账凭证的名称

20. 原始凭证的基本内容不包括(　　)。

A. 原始凭证的名称　　　　　　　B. 填制原始凭证的日期和编号

C. 填制凭证单位名称　　　　　　D. 应借应贷的会计科目

任务二　多项选择题

练习要求：根据题意，选择正确答案(每小题备选答案中，有两个或两个以上符合题意的正确答案)。

1. 记账凭证的编号方法有(　　)。

A. 顺序编号法　　B. 分类编号法　　C. 奇偶数编号法　　D. 分数编号法

2. 下列关于限额领料单的说法中，正确的有(　　)。

A. 限额领料单是多次使用的累计领料凭证

B. 限额领料单属于一次凭证

C. 使用限额领料单，可以使核算手续简化

D. 属于原始凭证

3. 原始凭证审核的内容包括(　　)。

A. 经济业务内容是否真实

B. 原始凭证是否填列齐全，手续是否完备

C. 凭证上的有关数量、单价和金额是否正确

D. 经济业务是否有违法乱纪行为

4. 填制记账凭证，可以不附原始凭证的有(　　)。

A. 从银行提取现金　　　　　　　B. 更正错误的记账凭证

C. 支付购货款　　　　　　　　　D. 期末结账的记账凭证

5. 下列选项中，属于汇总记账凭证的有(　　)。

A. 汇总收款凭证　　　　　　　　B. 汇总付款凭证

C. 科目汇总表　　　　　　　　　D. 原始凭证汇总表

6. 原始凭证的基本内容包括原始凭证的名称、接受凭证单位名称、数量、单价和金额、(　　)等。

A. 经办人员的签名或盖章　　　　B. 填制凭证的日期

C. 经济业务的内容　　　　　　　D. 填制凭证单位名称和填制人姓名

7. 某企业购入并验收原材料一批，货款已付，该企业根据这项业务所填制的会计凭证包括(　　)。

A. 材料入库单　　B. 付款凭证　　C. 累计凭证　　D. 收款凭证

8. 涉及现金与银行存款相互划转的业务应编制的专用记账凭证有(   )。
   A. 现金收款凭证   B. 现金付款凭证
   C. 银行存款收款凭证   D. 银行存款付款凭证

9. 外来原始凭证是(   )。
   A. 从企业外部取得的   B. 由企业会计人员填制的
   C. 一次凭证   D. 累计凭证

10. 记账凭证应该是(   )。
    A. 由经办业务人员填制的   B. 由会计人员填制的
    C. 在经济业务发生时填制的   D. 登记账簿的直接依据

11. 会计凭证的保管应做到(   )。
    A. 定期归档以便查阅   B. 查阅会计凭证要有手续
    C. 由企业随意销毁   D. 保证会计凭证的安全完整

12. 下列凭证中,属于原始凭证的有(   )。
    A. 产品成本计算单   B. 发出材料汇总表
    C. 付款凭证   D. 收款凭证

13. 专用记账凭证按其反映经济业务的内容不同,可分为(   )。
    A. 汇总记账凭证   B. 收款凭证   C. 付款凭证   D. 转账凭证

14. 办公室职工王华报销差旅费900元,交回剩余现金300元,对此经济业务应填制的专用记账凭证有(   )。
    A. 现金收款凭证,金额300元   B. 管理费用转账凭证,金额900元
    C. 现金付款凭证,金额300元   D. 必须填制两张专用记账凭证

15. 下列各项中,属于领用材料应填制的原始凭证有(   )。
    A. 购货发票   B. 发出材料汇总表
    C. 领料单   D. 材料入库单

任务三 不定项选择题

练习要求:根据题意,选择正确答案(每小题备选答案中,有一个或一个以上符合题意的正确答案)。

1. 领料汇总表属于会计凭证中的(   )。
   A. 一次凭证   B. 累计凭证
   C. 单式凭证   D. 汇总原始凭证

2. 下列属于外来原始凭证的是(   )。
   A. 入库单   B. 发料凭证汇总表

C. 增值税专用发票   D. 出库单

3. 下列属于一次原始凭证的是（　　）。

　A. 入库单   B. 限额领料单

　C. 领料汇总表   D. 购货发票

4. 下列不属于原始凭证基本内容的是（　　）。

　A. 凭证的名称   B. 填制凭证的日期

　C. 凭证的编号   D. 会计科目

5. 在原始凭证上书写阿拉伯数字时，下列各项中，正确的是（　　）。

　A. 有角无分的，分位不得用"—"代替

　B. 无角无分的，角位、分位可写"00"或"—"

　C. 有角无分的，分位应当写"0"

　D. 人民币符号"￥"与阿拉伯数字金额之间不得留有空白

6. 下列各项中，符合填制原始凭证要求的有（　　）。

　A. 汉字大小写金额必须相符且填写规范

　B. 阿拉伯数字连笔书写

　C. 阿拉伯数字前面的人民币符号写为"￥"

　D. 大写金额有分的，分字后面不写"整"或"正"字

7. 下列各项中，对于金额有错误的原始凭证处理方法正确的是（　　）。

　A. 由出具单位在凭证上更正并加盖出具单位印章

　B. 由出具单位在凭证上更正并由经办人员签名

　C. 由出具单位在凭证上更正并由单位负责人签名

　D. 由出具单位重新开具凭证

8. 某单位会计部门编制记账凭证时，第 7 号记账凭证的会计事项需要填制 2 张转账凭证，则这两张凭证编号为（　　）。

　A. 转字 7 号、转字 8 号   B. 转字 6 号、转字 7 号

　C. 转字 7 1/2 号、转字 7 2/2 号   D. 转字 1/2 号、转字 2/2 号

9. 借记"应收账款"账户，贷记"应收票据"账户的会计分录应编制的专用记账凭证是（　　）。

　A. 收款凭证   B. 付款凭证

　C. 转账凭证   D. 原始凭证

10. 下列经济业务中，应填制转账凭证的是（　　）。

　A. 企业收到国家以货币资金对企业的投资 20 万元，存入银行

　B. 企业接受外商以专利技术对企业的投资，协议价值 30 万元

　C. 购入材料一批价值 15 万元，款项通过开出转账支票支付

D. 销售商品1万元,收到商业汇票一张

11. 下列经济业务中,应填制收款凭证的是(　　)。

A. 将现金存入银行　　　　　　B. 从银行提取现金

C. 收回应收账款,款项已存入银行　　D. 销售商品货款暂未收到

12. 下列经济业务中,应填制付款凭证的是(　　)。

A. 收回客户前欠货款,款项已存入银行

B. 以银行存款偿还短期借款本金

C. 购入一台设备,货款已转账支付

D. 接受投资者以一项土地使用权投资

13. 借记"库存现金"账户,贷记"银行存款"账户的会计分录应编制的专用记账凭证是(　　)。

A. 收款凭证　　　　　　　　B. 付款凭证

C. 转账凭证　　　　　　　　D. 原始凭证

14. 下列关于记账凭证填制的基本要求,正确的是(　　)。

A. 记账凭证各项内容必须完整

B. 记账凭证应连续编号

C. 可以将不同内容和类别的原始凭证汇总填制在一张记账凭证上

D. 填制记账凭证时若发生错误,应当重新填制

15. 下列关于会计凭证的说法中,表述正确的有(　　)。

A. 会计凭证是记录经济业务发生或者完成情况的书面证明

B. 原始凭证是指在经济业务发生或完成时取得或填制的,用以记录或证明经济业务的发生或完成情况的原始凭据

C. 记账凭证是指会计人员根据审核无误的原始凭证,按照经济业务的内容加以归类,并据以确定会计分录后填制的会计凭证,作为登记会计账簿的直接依据

D. 原始凭证是登记会计账簿的直接依据

任务四　判断辨析题

练习要求:判断每小题的表述是否正确。(正确打"√",错误打"×",并在辨析处写出正确答案)。

1. 会计凭证是指记录经济业务,明确经济责任,据以登记会计账簿的书面证明。(　　)

辨析:

2. 会计凭证按填制程序和用途不同,可分为自制凭证和外来凭证两大类。(　　)

辨析：

3. 领料凭证汇总表属于累计凭证。（　　）
辨析：

4. 限额领料单属于累计凭证。（　　）
辨析：

5. 科目汇总表属于汇总原始凭证。（　　）
辨析：

6. 登记会计账簿前，记账凭证填制错误的应重新填制。（　　）
辨析：

7. 所有的记账凭证都必须附有原始凭证，否则不能作为记账的依据。（　　）
辨析：

8. 收款凭证是依据银行存款收款业务的原始凭证所编制的记账凭证。（　　）
辨析：

9. 中文大写金额数字到"元"为止，在"元"之后，应写"整"或"正"字。（　　）
辨析：

10. 小写金额"￥1001.56"，其大写金额应为"人民币壹仟零壹元伍角六分整"（　　）
辨析：

项目二　专业技能训练

任务一　会计凭证的填制和审核

【实验目的】
学生通过该实验掌握会计凭证的含义和种类、会计凭证填制的方法和要求、会计凭证审核的方法和要求,能够根据既定或实际资料填制和审核原始凭证,并且依据审核无误的原始凭证填制记账凭证。以便从事实际工作后,提高工作效率,取得事半功倍的效果。同时也为考取会计初级资格证书和学习"中级财务会计"课程做准备,为继续学习和业务拓展奠定基础。

资料:

会计主体:广山有限责任公司

财务部门人员:财务主管:史新章;会计:李然;记账凭证制单人:吴慧芬;出纳员:常艳丽。

广山有限责任公司 2×23 年 3 月发生的有关经济业务如下:

1. 2×23 年 3 月 4 日,广山有限责任公司接受华洋有限责任公司的投资款 200 000 元,收到华洋有限责任公司签发的转账支票一张,当日即送存银行,付款行名称:中国农业银行海陵支行,出票人账号:100042100045670321。已办理银行进账手续。广山有限责任公司开户银行:中国工商银行天河支行,账号:12040000600002227。记账凭证制单人:吴慧芬。

(1) 根据已知资料填写广山有限责任公司接受投资办理银行进账手续的银行进账单,如表 5-1 所示。

表 5-1　　　　　　　　ICBC 中国工商银行进账单(收账通知)3

年　月　日

出票人	全　称		收款人	全　称	
	账　号			账　号	
	开户银行			开户银行	
金额	人民币(大写)		千 百 十 万 千 百 十 元 角 分		
	票据种类				
	票据张数		中国工商银行 天河支行 2×23.03.04 转讫		
备注:投资款					
		复核　　　记账	开户银行签章		

(2) 依据进账单填写广山有限责任公司收款的空白收据(表 5-2)。

表 5-2   收 据   No.100216

交款单位： _____	收款方式： _____
人民币（大写）： _____	¥ _____
	单位：（章）
收款事由： _____	年 月 日

收款人：   复核：   经办人：

（3）根据银行进账单收账通知联和收款收据，编制广山有限责任公司的收款凭证（假设收款凭证号为第8号），如表5-3所示。

表 5-3   收款凭证
借方科目：   年 月 日   字 第 号

摘要	贷方科目		金额									记账 √
	总账科目	明细细目	百	十	万	千	百	十	元	角	分	
附单据 张	合 计											

会计主管：   记账：   出纳：   复核：   制单：

2. 2×23年3月6日，广山有限公司供应科人员沈焕新到外地参加商品交易会并采购原材料，经有关领导（供应科长：顾法；会计：李然；财务主管：史新章）批准预借差旅费4 000元，出纳员常艳丽根据借款单支付现金4 000元。沈焕新出差归来填写差旅费报销单，出差地点从广州（3月7日晨）到沈阳（3月8日），火车票536元，住宿费680元，会务费800元，10日晚从沈阳返回，11日晚到达广州，火车票536元，12日报销。出差补助每天180元（工杂费80元；伙食补助100元），交回现金548元。

（1）根据已知资料填写借款单（表5-4）。

表 5-4		借 款 单		
		年 月 日		

借款单位			借款人	
借款原因				
借支金额	人民币（大写）			￥
付款方式	现金　　　　支票　　　　电汇　　　　其他			
单位负责人意见：			借款人签收：	
财务主管核批：			出纳：	

（2）根据借款单填制付款凭证（假设付款凭证号为第6号），如表5-5所示。

表 5-5　　　　　　　　　付款凭证

贷方科目：　　　　　　　　　年 月 日　　　　　　　　　字第　号

摘要	借方科目		金额									记账√
	总账科目	明细细目	百	十	万	千	百	十	元	角	分	
附单据　张	合　计											

会计主管：　　　　记账：　　　　出纳：　　　　复核：　　　　制单：

（3）根据资料填制差旅费报销单，如表5-6所示。

表 5-6　　　　　　　　　差旅费报销单

部门：　　　　　　　　　　　年 月 日　　　　　　　　　编号：No.036

姓名		职别		出差事由							
出差起止日期自　年　月　日起至　年　月　日止共　天　附单据　张											
日期		起讫地点		飞机车船费	住宿费	资料费	工杂补贴			伙食补助			小计
月	日	起	讫				天数	标准	金额	天数	标准	金额	
合　计													
金额（大写）		万 仟 佰 拾 元 角 分 ￥					预支			应退（补）			

负责人：　　　　会计：　　　　出纳：　　　　部门主管：　　　　报销人：

(4) 根据差旅费报销单编制转账凭证（假设转账凭证号为第 4 号），如表 5-7 所示。

表 5-7　　　　　　　　　　　　　　转账凭证

　　　　　　　　　　　　　　　　　年　月　日　　　　　　　　　　　　　　字第　号

摘　要	总账科目	明细科目	借方金额 十 万 千 百 十 元 角 分	贷方金额 十 万 千 百 十 元 角 分	记账 √
附单据　张		合计			

会计主管：　　　　　　记账：　　　　　　复核：　　　　　　制单：

(5) 根据出差报销者交回的现金填写收款收据，如表 5-8 所示。

表 5-8　　　　　　　　　　　　　　　收　据

　　　　　　　　　　　　　　　　　　　　　　　　　　　　　　　　　　NO.100217

交款单位_____　收款方式_____

人民币（大写）：_____　（小写）¥_____

　　　　　　　　　　　　　　　　　　　　　　　单位：（章）

收款事由_____

　　　　　　　　　　　　　　　　　　　　　　　　年　月　日

收款人：　　　　　　复核：　　　　　　经办人：

(6) 根据收款收据编制收款凭证，如表 5-9 所示。

表 5-9　　　　　　　　　　　　　　收款凭证

借方科目：　　　　　　　　　　　　年　月　日　　　　　　　　　　　　字第　号

摘要	贷方科目		金额	记账
	总账科目	明细细目	百 十 万 千 百 十 元 角 分	√
附单据　张	合　计			

会计主管：　　　　记账：　　　　出纳：　　　　复核：　　　　制单：

3. 3月12日广山有限责任公司，购入甲、乙、丙三种材料，货款尚未支付，材料已验收入库，3月15日签发转账支票一张，金额70060元。

（1）收到购货发票，熟悉增值税专用发票的格式和内容，如表5-10所示。

表 5-10

江苏省增值税专用发票
发 票 联

No. 02111231

开票日期：2×23年3月12日

购货单位	名称：广山有限责任公司 纳税人识别号：91700005699874 地址、电话：广州市天河区天河南天河东路102号020-38467575 开户行及账号：中国工商银行天河支行 12040000600002227				密码区				
货物或应税劳务名称	规格型号	单位	数量	单价	金额	税率	税额		
甲材料		千克	500	60	30 000	13%	3 900		
乙材料		千克	1 000	20	20 000	13%	2 600		
丙材料		千克	1 200	10	12 000	13%	1 560		
合　　计			2 700		62 000		8 060		
价税合计（大写）	柒万零陆拾元整				（小写）¥70 060.00				
销货单位	名称：海华有限责任公司 纳税人识别号：78456720006117 地址、电话：泰州市海陵区鼓楼路 15 号 0523-68877667 开户行及账号：中信银行泰州分行 321200620006117				备注				

收款人：李敏　　　　复核：　　　　开票人：张曾　　　　销货单位：

(2) 依据增值税专用发票填写材料入库单,如表 5-11 所示。

表 5-11　　　　　　　　　　　　　入　库　单

供货单位：　　　　　　　　　　　　　　　　　　　　　　　　凭证编号：0083
发票号码：　　　　　　　　　　　　　年　月　日　　　　　　收料仓库：

材料编号	材料名称	规格	单位	数量		单价	金额
				应收	实收		
合　计							

主管：　　　　　　　记账：　　　　　　　仓库保管：　　　　　　　经办人：

(3) 依据增值税专用发票和材料验收入库单填制转账凭证,如表 5-12 所示。

表 5-12　　　　　　　　　　　　　转账凭证
　　　　　　　　　　　　　　　　　年　月　日　　　　　　　　　　　　　字第　号

摘　要	总账科目	明细科目	借方金额								贷方金额								记账 √
			十	万	千	百	十	元	角	分	十	万	千	百	十	元	角	分	
附单据　张		合计																	

会计主管：　　　　　　　记账：　　　　　　　复核：　　　　　　　制单：

(4) 2×23 年 3 月 15 日,广山有限责任公司开出金额 70 060 元的转账支票一张,交给供货单位经办人员,偿还购进材料所欠款项。填制转账支票存根联,如表 5-13 所示。

表 5-13　　　　　　　　　　转账支票存根

```
中国工商银行
转账支票存根
Ⅳ Ⅱ 20496028
科目_____
对方科目_____
出票日期　年　月　日
收款人：
金　额：
用　途：
单位主管：　　　会计：
```

（5）依据转账支票存根编制付款凭证，如表 5-14 所示。

表 5-14　　　　　　　　　　　　付款凭证

贷方科目：　　　　　　　　　　　年　月　日　　　　　　　　　　字第　号

摘要	借方科目		金额									记账
	总账科目	明细细目	百	十	万	千	百	十	元	角	分	√
附单据　张	合　计											

会计主管：　　　记账：　　　出纳：　　　复核：　　　制单：

4. 2×23 年 3 月 15 日，广山有限责任公司签发一张面值 72 540 元的现金支票，准备用于发放工资。

（1）根据已知资料填制现金支票，如表 5-15 所示。

表 5-15

（2）根据现金支票存根，编制付款凭证，如表 5-16 所示。

表 5-16　　　　　　　　　　　　　　付款凭证

贷方科目：　　　　　　　　　　　　年　月　日　　　　　　　　　　　字第　号

摘要	借方科目		金额									记账√
	总账科目	明细细目	百	十	万	千	百	十	元	角	分	
附单据　张	合　计											

会计主管：　　　　记账：　　　　出纳：　　　　复核：　　　　制单：

5. 3月30日，广山有限责任公司计算本月应计提的固定资产折旧额49 650元，其中：车间用固定资产应提折旧25 000元（适用1.0%折旧率的为1 936 000元；适用0.5%折旧率的为1 128 000元），企业管理部门应计提折旧24 650元（适用1.5%折旧率的为1 260 000元；适用0.5%折旧率的为1 150 000元）。

（1）根据既定资料填写固定资产折旧计算表，如表5-17所示。

表 5-17　　　　　　　　　　　　　固定资产折旧计算表

年　月　日　　　　　　　　　　　　　　　　　　　　　　金额:元

使用部门	本月应计折旧固定资产原值	折旧率	本月应计提折旧额
车间		1.0%	
		0.5%	
行政管理部门		1.5%	
		0.5%	
合　　计			

主管：　　　　　　　记账：　　　　　　　复核：　　　　　　　制单：

（2）广山有限责任公司根据固定资产折旧计算表编制转账凭证,如表 5-18 所示。

表 5-18　　　　　　　　　　　　　　　转账凭证

年　月　日　　　　　　　　　　　　　　　　　　　　　　字第　号

摘要	总账科目	明细科目	借方金额								贷方金额								记账 √
			十	万	千	百	十	元	角	分	十	万	千	百	十	元	角	分	
附单据　张		合计																	

会计主管：　　　　　　　记账：　　　　　　　复核：　　　　　　　制单：

6. 3月31日,广山有限责任公司生产车间本月生产甲产品领用 A 材料 2 000 千克,每千克 80 元;领用 B 材料 200 千克,每千克 50 元;合计 180 000 元。生产 B 产品领用 A 材料 2 350 千克,每千克 114 元;领用 B 材料 100 千克,每千克 50 元;合计 272 900 元。生产车间领用 B 材料 100 千克,每千克 50 元,计 5 000 元。行政管理部门领用 B 材料 20 千克,每千克 50 元,计 1 000 元。

（1）根据已知资料填制发料凭证汇总表,如表 5-19 所示。

表 5-19　　　　　　　　　　　　　　发料凭证汇总表

年　月　日　　　　　　　　　　　　　　　　　　金额单位:元

用途	A 材料		B 材料		合计金额
	数量（千克）	金额	数量（千克）	金额	
产品生产耗用 　甲产品 　乙产品					
车间管理部门耗用					
行政管理部门耗用					
合　　计					

会计主管：　　　　　　　　复核：　　　　　　　　　　制表：

（2）根据发料凭证汇总表填制转账凭证，如表 5-20 所示。

表 5-20　　　　　　　　　　　　　　　转账凭证

年　月　日　　　　　　　　　　　　　　　　　　字第　　号

摘要	总账科目	明细科目	借方金额									贷方金额									记账√
			百	十	万	千	百	十	元	角	分	百	十	万	千	百	十	元	角	分	
附单据　　张	合　　计																				

会计主管：　　　　　　　　记账：　　　　　　　　复核：　　　　　　　　制单：

要求：

1. 根据资料填制原始凭证，并对原始凭证填制是否规范进行审核。

2. 根据审核无误的原始凭证填制收款凭证、付款凭证和转账凭证，并对记账凭证填制是否规范进行审核。

任务二　记账凭证的填制

资料： 2×23 年 7 月，永乐有限公司发生以下经济业务，制单人王婷根据经济业务编制记账凭证。

1. 1日,签发转账支票,向正圆公司预付货款10 000元。记账凭证如表5-21所示。(附件1张)

表 5-21　　　　　　　　　　　　　　记账凭证

年　月　日　　　　　　　　　　　　　　　字第　号

摘　要	总账科目	明细科目	借方金额 十 万 千 百 十 元 角 分	贷方金额 十 万 千 百 十 元 角 分	记账 √
附单据　张	合计				

会计主管:　　　　　记账:　　　　　复核:　　　　　制单:

2. 2日,生产甲产品领料,其中:领用C材料600件,每件15元,金额为9 000元;领用D材料400件,每件18元,金额为7 200元。记账凭证如表5-22所示。(附件1张)

表 5-22　　　　　　　　　　　　　　记账凭证

年　月　日　　　　　　　　　　　　　　　字第　号

摘　要	总账科目	明细科目	借方金额 十 万 千 百 十 元 角 分	贷方金额 十 万 千 百 十 元 角 分	记账 √
附单据　张	合计				

会计主管:　　　　　记账:　　　　　复核:　　　　　制单:

3. 3日,接银行通知,收回奥康公司前欠货款 40 950 元。记账凭证如表 5-23 所示。(附件 1 张)

表 5-23   记账凭证
                                    年 月 日   字第 号

摘 要	总账科目	明细科目	借方金额 十 万 千 百 十 元 角 分	贷方金额 十 万 千 百 十 元 角 分	记账 √
附单据 张	合计				

会计主管: 记账: 复核: 制单:

4. 4日,签发现金支票,提取 5 000 元备用金。记账凭证如表 5-24 所示。(附件 1 张)

表 5-24   记账凭证
                                    年 月 日   字第 号

摘 要	总账科目	明细科目	借方金额 十 万 千 百 十 元 角 分	贷方金额 十 万 千 百 十 元 角 分	记账 √
附单据 张	合计				

会计主管: 记账: 复核: 制单:

5. 5日,生产乙产品领料,其中:领用A材料700件,每件12元,金额为8 400元;领用B材料500件,每件17元,金额为8 500元。记账凭证如表5-25所示。(附件1张)

表5-25　　　　　　　　　　　记账凭证

　　　　　　　　　　　　　　　年　月　日　　　　　　　　　　　　　　　字第　号

摘要	总账科目	明细科目	借方金额								贷方金额								记账√
			十	万	千	百	十	元	角	分	十	万	千	百	十	元	角	分	
附单据　张		合计																	

会计主管:　　　　　　　记账:　　　　　　　复核:　　　　　　　制单:

6. 6日,从利源公司购入B材料300件,每件17元,取得增值税专用发票注明价格5 100元,增值税税额为663元。根据合同约定,材料一周内运抵企业,货到三天内付款。记账凭证如表5-26所示。(附件2张)

表5-26　　　　　　　　　　　记账凭证

　　　　　　　　　　　　　　　年　月　日　　　　　　　　　　　　　　　字第　号

摘要	总账科目	明细科目	借方金额								贷方金额								记账√
			十	万	千	百	十	元	角	分	十	万	千	百	十	元	角	分	
附单据　张		合计																	

会计主管:　　　　　　　记账:　　　　　　　复核:　　　　　　　制单:

7. 7日,签发转账支票,偿还前欠润发公司货款 20 500 元。记账凭证如表 5-27 所示。(附件 1 张)

表 5-27　　　　　　　　　　　　　　记账凭证
　　　　　　　　　　　　　　　　　　年　月　日　　　　　　　　　　　　　　字第　号

摘　要	总账科目	明细科目	借方金额									贷方金额									记账√
			十	万	千	百	十	元	角	分	十	万	千	百	十	元	角	分	
附单据　张	合计																		

会计主管:　　　　　　　　记账:　　　　　　　　复核:　　　　　　　　制单:

8. 8日,购入饮用水 50 瓶,每瓶 15 元,金额为 750 元,取得增值税普通发票,以现金支付。记账凭证如表 5-28 所示。(附件 1 张)

表 5-28　　　　　　　　　　　　　　记账凭证
　　　　　　　　　　　　　　　　　　年　月　日　　　　　　　　　　　　　　字第　号

摘　要	总账科目	明细科目	借方金额									贷方金额									记账√
			十	万	千	百	十	元	角	分	十	万	千	百	十	元	角	分	
附单据　张	合计																		

会计主管:　　　　　　　　记账:　　　　　　　　复核:　　　　　　　　制单:

9. 9日,签发转账支票,向电视台支付广告费2 000元。记账凭证如表5-29所示。(附件2张)

表5-29   记账凭证
                                         年 月 日   字第 号

摘　　要	总账科目	明细科目	借方金额								贷方金额								记账√
			十	万	千	百	十	元	角	分	十	万	千	百	十	元	角	分	
附单据　张		合计																	

会计主管：　　　　　　　记账：　　　　　　　复核：　　　　　　　制单：

10. 10日,从中通公司购入材料,取得增值税专用发票注明:C材料为500件,单价为15元,金额为7 500元,增值税税额为975元;D材料为400件,单价为18元,金额为7 200元,增值税税额为936元。材料已验收入库,全部款项已通过银行转账支付。记账凭证如表5-30所示。(附件4张)

表5-30   记账凭证
                                         年 月 日   字第 号

摘　　要	总账科目	明细科目	借方金额								贷方金额								记账√
			十	万	千	百	十	元	角	分	十	万	千	百	十	元	角	分	
附单据　张		合计																	

会计主管：　　　　　　　记账：　　　　　　　复核：　　　　　　　制单：

11. 11日,从利源公司采购的B材料运抵企业并验收入库。记账凭证如表5-31所示。(附件1张)

表5-31　　　　　　　　　　　　　记账凭证
年　月　日　　　　　　　　　　　　　　　　　字第　号

摘　要	总账科目	明细科目	借方金额 十 万 千 百 十 元 角 分	贷方金额 十 万 千 百 十 元 角 分	记账 √
附单据　张		合计			

会计主管：　　　　　　记账：　　　　　　复核：　　　　　　制单：

12. 12日,从正圆公司购入A材料,取得的增值税专用发票注明:数量为2 000件,单价12元,金额为24 000元,增值税税额为3 120元。已预付10 000元,余款开出转账支票支付。材料已经验收入库。记账凭证如表5-32所示。(附件4张)

表5-32　　　　　　　　　　　　　记账凭证
年　月　日　　　　　　　　　　　　　　　　　字第　号

摘　要	总账科目	明细科目	借方金额 十 万 千 百 十 元 角 分	贷方金额 十 万 千 百 十 元 角 分	记账 √
附单据　张		合计			

会计主管：　　　　　　记账：　　　　　　复核：　　　　　　制单：

13. 13日,通过银行转账支付前欠利源公司货款 5 763 元。记账凭证如表 5-33 所示。(附件 1 张)

表 5-33   记账凭证
                                  年 月 日   字第 号

摘 要	总账科目	明细科目	借方金额									贷方金额									记账√
			十	万	千	百	十	元	角	分	十	万	千	百	十	元	角	分		
附单据 张		合计																		

会计主管：   记账：   复核：   制单：

14. 14日,向丽特公司销售产品,其中:甲产品为 350 台,售价为 35 000 元,增值税税额为 4 550 元;乙产品为 300 台,售价为 27 000 元,增值税税额为 3 510 元。上月已预收 30 000 元,余款收到转账支票一张,已到银行办理了入账手续。记账凭证如表 5-34 所示。(附件 2 张)

表 5-34   记账凭证
                                  年 月 日   字第 号

摘 要	总账科目	明细科目	借方金额									贷方金额									记账√
			十	万	千	百	十	元	角	分	十	万	千	百	十	元	角	分		
附单据 张		合计																		

会计主管：   记账：   复核：   制单：

15. 15日,签发现金支票,提取5 000元备用金。记账凭证如表5-35所示。(附件1张)

表5-35   记账凭证

年 月 日   字第 号

摘 要	总账科目	明细科目	借方金额									贷方金额									记账√
			十	万	千	百	十	元	角	分	十	万	千	百	十	元	角	分	
附单据 张	合计																		

会计主管: 记账: 复核: 制单:

16. 16日,从宝来公司购进材料,取得增值税专用发票注明:A材料为500件,单价为12元,金额为6 000元,增值税税额为780元;B材料为300件,单价为17元,金额为5 100元,增值税税额为663元。材料当天运抵企业并验收入库,款项尚未支付。记账凭证如表5-36所示。(附件3张)

表5-36   记账凭证

年 月 日   字第 号

摘 要	总账科目	明细科目	借方金额									贷方金额									记账√
			十	万	千	百	十	元	角	分	十	万	千	百	十	元	角	分	
附单据 张	合计																		

会计主管: 记账: 复核: 制单:

17. 17日，以现金支付行政部员工外出办事交通费48元。记账凭证如表5-37所示。（附件1张）

表5-37　　　　　　　　　　　　　记账凭证
　　　　　　　　　　　　　　　年　月　日　　　　　　　　　　　　　　字第　号

摘　要	总账科目	明细科目	借方金额 十 万 千 百 十 元 角 分	贷方金额 十 万 千 百 十 元 角 分	记账√
附单据　张		合计			

会计主管：　　　　　记账：　　　　　复核：　　　　　制单：

18. 18日，购文具用品一批，取得增值税普通发票，金额380元，以现金支付。记账凭证如表5-38所示。（附件1张）

表5-38　　　　　　　　　　　　　记账凭证
　　　　　　　　　　　　　　　年　月　日　　　　　　　　　　　　　　字第　号

摘　要	总账科目	明细科目	借方金额 十 万 千 百 十 元 角 分	贷方金额 十 万 千 百 十 元 角 分	记账√
附单据　张		合计			

会计主管：　　　　　记账：　　　　　复核：　　　　　制单：

19. 19日,以银行存款支付车间机器修理费1 565元,取得增值税普通发票。记账凭证如表5-39所示。(附件2张)

表5-39

记账凭证

年 月 日　　　　　　　　　　　　　字第 号

摘要	总账科目	明细科目	借方金额								贷方金额								记账√
			十	万	千	百	十	元	角	分	十	万	千	百	十	元	角	分	
附单据 张	合计																		

会计主管:　　　　　记账:　　　　　复核:　　　　　制单:

20. 20日,向中正公司销售产品,其中:甲产品为100台,售价为18 000元,增值税税额为2 340元;乙产品为200台,售价为20 000元,增值税税额为2 600元。收到一张期限为4个月的银行承兑汇票。记账凭证如表5-40所示。(附件2张)

表5-40

记账凭证

年 月 日　　　　　　　　　　　　　字第 号

摘要	总账科目	明细科目	借方金额								贷方金额								记账√
			十	万	千	百	十	元	角	分	十	万	千	百	十	元	角	分	
附单据 张	合计																		

会计主管:　　　　　记账:　　　　　复核:　　　　　制单:

21. 21日,以银行存款捐赠助学款11 000元。记账凭证如表5-41所示。(附件1张)

表5-41　　　　　　　　　　　　　记账凭证
　　　　　　　　　　　　　　　　年　月　日　　　　　　　　　　　　　　　字第　号

摘　要	总账科目	明细科目	借方金额								贷方金额								记账√
			十	万	千	百	十	元	角	分	十	万	千	百	十	元	角	分	
附单据　张		合计																	

会计主管:　　　　　　　记账:　　　　　　　复核:　　　　　　　制单:

22. 22日,艾达公司因内部原因,终止与我公司合同,收到违约金30 000元。记账凭证如表5-42所示。(附件1张)

表5-42　　　　　　　　　　　　　记账凭证
　　　　　　　　　　　　　　　　年　月　日　　　　　　　　　　　　　　　字第　号

摘　要	总账科目	明细科目	借方金额								贷方金额								记账√
			十	万	千	百	十	元	角	分	十	万	千	百	十	元	角	分	
附单据　张		合计																	

会计主管:　　　　　　　记账:　　　　　　　复核:　　　　　　　制单:

23. 23日,将现金5 850元存入银行。记账凭证如表5-43所示。(附件1张)

表5-43 记账凭证

年　月　日　　　　　　　　　　　　　　　　字第　号

摘　要	总账科目	明细科目	借方金额									贷方金额									记账√
			十	万	千	百	十	元	角	分	十	万	千	百	十	元	角	分	
附单据　张	合计																			

会计主管:　　　　　记账:　　　　　复核:　　　　　制单:

24. 28日,用银行存款支付本月电费14 100元,其中:生产甲产品电费为4 125元,生产乙产品电费为3 800元,车间管理部门电费为3 410元,行政管理部门电费为1 225元,销售部门电费为1 540元。记账凭证如表5-44所示。(附件2张)

表5-44 记账凭证

年　月　日　　　　　　　　　　　　　　　　字第　号

摘　要	总账科目	明细科目	借方金额									贷方金额									记账√
			十	万	千	百	十	元	角	分	十	万	千	百	十	元	角	分	
附单据　张	合计																			

会计主管:　　　　　记账:　　　　　复核:　　　　　制单:

25. 29日,分配本月工资50 000元,其中生产甲产品工人工资为10 000元,生产乙产品工人工资为17 000元,车间管理人员工资为8 000元,行政管理部门人员工资为9 000元,销售部门人员工资为6 000元。记账凭证如表5-45所示。(附件1张)

表 5-45　　　　　　　　　　　　　记账凭证

年　月　日　　　　　　　　　　　字第　号

摘要	总账科目	明细科目	借方金额 十 万 千 百 十 元 角 分	贷方金额 十 万 千 百 十 元 角 分	记账 √
附单据　张		合计			

会计主管：　　　　　　记账：　　　　　　复核：　　　　　　制单：

26. 30日，签发现金支票 50 000元备发工资。记账凭证如表5-46所示。（附件1张）

表 5-46　　　　　　　　　　　　　记账凭证

年　月　日　　　　　　　　　　　字第　号

摘要	总账科目	明细科目	借方金额 十 万 千 百 十 元 角 分	贷方金额 十 万 千 百 十 元 角 分	记账 √
附单据　张		合计			

会计主管：　　　　　　记账：　　　　　　复核：　　　　　　制单：

27. 30日,以现金发放工资50 000元。记账凭证如表5-47所示。(附件1张)

表5-47　　　　　　　　　　　　　　　记账凭证
　　　　　　　　　　　　　　　　　　　年　月　日　　　　　　　　　　　　　　　字第　号

摘　要	总账科目	明细科目	借方金额									贷方金额									记账√
			十	万	千	百	十	元	角	分	十	万	千	百	十	元	角	分	
附单据　张	合计																		

会计主管:　　　　　　　　　记账:　　　　　　　　　复核:　　　　　　　　　制单:

28. 31日,计提本月借款利息2 500元。记账凭证如表5-48所示。(附件1张)

表5-48　　　　　　　　　　　　　　　记账凭证
　　　　　　　　　　　　　　　　　　　年　月　日　　　　　　　　　　　　　　　字第　号

摘　要	总账科目	明细科目	借方金额									贷方金额									记账√
			十	万	千	百	十	元	角	分	十	万	千	百	十	元	角	分	
附单据　张	合计																		

会计主管:　　　　　　　　　记账:　　　　　　　　　复核:　　　　　　　　　制单:

29. 31日,结转本月已完工产品生产成本。其中:完工甲产品成本为45 000元,完工乙产品成本为47 500元。记账凭证如表5-49所示。(附件1张)

表 5-49　　　　　　　　　　　　记账凭证

　　　　　　　　　　　　　　　年　月　日　　　　　　　　　　　　　　　　字第　号

摘要	总账科目	明细科目	借方金额								贷方金额								记账√
			十	万	千	百	十	元	角	分	十	万	千	百	十	元	角	分	
附单据　张	合计																		

会计主管：　　　　　　记账：　　　　　　复核：　　　　　　制单：

30. 31 日,结转本月已售产品的成本。其中:甲产品销售成本为 23 000 元,乙产品销售成本为 21 000 元。记账凭证如表 5-50 所示。(附件 1 张)

表 5-50　　　　　　　　　　　　记账凭证

　　　　　　　　　　　　　　　年　月　日　　　　　　　　　　　　　　　　字第　号

摘要	总账科目	明细科目	借方金额								贷方金额								记账√
			十	万	千	百	十	元	角	分	十	万	千	百	十	元	角	分	
附单据　张	合计																		

会计主管：　　　　　　记账：　　　　　　复核：　　　　　　制单：

项目三　案例分析

任务一　岗位案例

2×23 年 6 月,华星公司拟销毁一批报关期限已满的会计档案,其中包括一张债权债务还没有结清的原始凭证。该公司新来的会计小李认为只要保管期满的会计档案就可以销毁,所以此张原始凭证可以销毁。出纳小张建议他将该张凭证保存,等债权债务结清后再进行销毁。为此,两人发生争执。你认为谁的观点正确?请说明理由。

任务二 综合案例

资料: 广州某公司 2×23 年 8 月上旬发生下列部分经济业务:

1. 5 日财务科王明因业务需要到西安出差,经领导同意预借其差旅费,开出现金支票5 000 元付讫。

2. 11 日财务科王明出差回来,报销差旅费 4 800 元,经审核无误同意报销,同时退回现金 200 元。

3. 假如,11 日财务科王明出差回来,报销差旅费 5 100 元,经审核无误同意报销,同时补付现金 100 元。

要求: 根据以上资料,回答以下 5 个问题。

1. 王明预借差旅费时,应填制一张付款凭证,涉及的会计科目应为(　　)。
   A. "管理费用"账户　　　　　　　B. "其他应收款"账户
   C. "库存现金"账户　　　　　　　D. "银行存款"账户

2. 王明报销差旅费 4 800 元时,应填制一张转账凭证,涉及的会计科目应为(　　)。
   A. "管理费用"账户　　　　　　　B. "其他应收款"账户
   C. "库存现金"账户　　　　　　　D. "财务费用"账户

3. 王明报销差旅费 4 800 元时,还应填制一张收款凭证,涉及的会计科目应为(　　)。
   A. "财务费用"账户　　　　　　　B. "其他应收款"账户
   C. "库存现金"账户　　　　　　　D. "现金"账户

4. 王明报销差旅费 5 100 元时,应填制一张转账凭证,涉及的会计科目应为(　　)。
   A. "管理费用"账户　　　　　　　B. "其他应收款"账户
   C. "库存现金"账户　　　　　　　D. "财务费用"账户

5. 王明报销差旅费 5 100 元时,还应填制一张付款凭证,涉及的会计科目应为(　　)。
   A. "财务费用"账户　　　　　　　B. "其他应收款"账户
   C. "库存现金"账户　　　　　　　D. "现金"账户

任务三 思政案例

1. 广东省韶关市中级人民法院开庭审理了新丰县物资公司原副总经理潘光始及其儿子潘英平、儿媳罗媚 3 人虚开增值税专用发票价税合计 4 亿多元的案件。这种家庭式的虚开增值税发票案实属罕见。

由于担任公职不便出面,潘光始首先借用朋友潘某的身份证开立了新丰县新城物资有限公司,然后又指使自己的儿子潘英平成立新丰县万源有限公司,指使冯泽段等人申请成立了商发贸易有限公司和长能贸易有限公司。据公诉人讲,1997年潘光始竟然在一天之内成立了两家所谓的"贸易公司",而这些公司既无厂房工地,又无贸易往来,唯一的生意就是兜售虚开的增值税专用发票。有时需要出具的虚开发票太多,忙不过来,潘光始就指使自己的儿子和儿媳开票。检察院诉称,潘光始等三人从1996年1月到2000年11月,利用开设5家"皮包公司"先后为中国石油物资装备总公司、天津三星电机有限公司、广东湛江制药总厂等全国100余家单位大肆虚开增值税专用发票。

经查实,被告人潘光始共参与虚开增值税专用发票价税合计4亿多元,税额共计约5 900万元。每一次做生意,潘光始都坚持要求按价税总额的1.5%~1.8%收费,如此计算,潘家从中获取的不法之财达数百万元人民币。

问题: 从会计角度看,增值税专用发票属于何种会计凭证?虚开增值税专用发票的行为应承担何种法律责任?

2. 某商场出纳员在报销差旅费时,对于同样是领导批准、主管会计审核无误的差旅费报销单,对和自己私人关系不错的人是随来随报,但对和自己有矛盾、私人关系较为疏远的人则以账面无款、库存无现金和整理账务等理由无故拖欠。

问题: 该出纳员在报销差旅费时,是否遵守了会计人员的职业道德规范?如果你是出纳员,对此问题应该如何处理?

模块六 会计账簿

项目一 基础知识积累

模块六
习题答案

任务一 单项选择题

练习要求:根据题意,选择正确答案(每小题备选答案中,只有一个正确答案)。

1. 在我国,总分类账应采用的会计账簿形式是(   )。
   A. 活页式账簿　　　B. 数量金额式账簿　C. 卡片式账簿　　　D. 订本式账簿
2. 下列会计账簿形式中,(   )适用于原材料、库存商品等存货类明细账。
   A. 三栏式　　　　　B. 多栏式　　　　　C. 数量金额式　　　D. 横线登记式
3. 下列关于日记账的格式和登记方法的表述中,不正确的是(   )。
   A. 日记账是按照经济业务发生或完成时间先后顺序逐日逐笔进行登记的账簿
   B. 设置日记账的目的是监督出纳人员的有关账务处理是否正确
   C. 为了保证现金日记账的安全完整,应使用订本账登记
   D. 现金日记账是用来核算监督库存现金每天的收入、支出和结存情况的账簿
4. 下列各项中,关于平行登记的要点说法不正确的是(   )。
   A. 同时登记,在登记总分类账的同时,必须要同时登记明细分类账
   B. 方向相同,在总分类账户和明细分类账户中登记时,登记在同一方向
   C. 期间一致,在同一会计期间登记
   D. 金额相等,计入总分类账户的金额应该等于计入所属明细分类账户的金额之和
5. 账账核对不包括(   )。
   A. 总分类账簿之间的核对
   B. 总分类账簿与所属明细分类账簿之间的核对
   C. 总分类账簿与备查账簿之间的核对
   D. 总分类账簿与序时账簿之间的核对

6. 关于错账的更正方法,以下说法正确的是( )。
   A. 采用划线更正法,可以只划去错误的单个数字
   B. 采用划线更正法,不可以划去错误的文字
   C. 采用划线更正法,错误数字必须全部划去
   D. 对于错误的地方可以直接涂抹掉

7. 下列明细账户中,必须采用订本账的是( )。
   A. 银行存款　　B. 应付账款　　C. 应收账款　　D. 原材料

8. 日记账的记账人员一般是( )。
   A. 会计主管人员　　　　　　B. 编制记账凭证人员
   C. 出纳人员　　　　　　　　D. 审核人员

9. 新的会计年度开始,启用新账时,下列会计账簿中可继续使用不必更换的是( )。
   A. 现金日记账　　　　　　　B. 总账
   C. 银行存款日记账　　　　　D. 固定资产卡片账

10. 下列各项中,适用于多栏式账页的是( )。
    A. 管理费用明细账　　　　　B. 库存成品明细账
    C. 原材料明细账　　　　　　D. 应收账款明细账

11. "应交税费——应交增值税"账户的明细账账页格式采用的是( )账页。
    A. 三栏式　　　　　　　　　B. 借贷双方多栏式
    C. 借方多栏式　　　　　　　D. 数量金额式

12. 企业开出转账支票1 560元购买办公用品,编制记账凭证时,会计科目正确,误记金额为1 650元,并已记账,应采用的更正方法是( )。
    A. 补充登记90元　　　　　　B. 红字冲销90元
    C. 在凭证中划线更正　　　　D. 把错误凭证撕掉重编

13. 应收票据贴现备查簿属于( )。
    A. 序时账簿　　　　　　　　B. 备查账簿
    C. 明细分类账簿　　　　　　D. 总分类账簿

14. 下列做法错误的是( )。
    A. 库存现金日记账采用三栏式账簿　　B. 产成品明细账采用数量金额式账簿
    C. 生产成本明细账采用三栏式账簿　　D. 制造费用明细账采用多栏式账簿

15. 更正错账时,划线更正法的适用范围是结账前发生的( )。
    A. 记账凭证上会计科目或记账方向错误,导致会计账簿记录错误
    B. 记账凭证正确,在记账时发生错误,导致会计账簿记录错误
    C. 记账凭证上会计科目或记账方向正确,所记金额大于应记金额,导致会计账簿记录错误

D. 记账凭证上会计科目或记账方向正确,所记金额小于应记金额,导致会计账簿记录错误

16. 下列各项中,不符合会计账簿平时管理的具体要求的是( )。
   A. 各种会计账簿应分工明确,指定专人管理
   B. 会计账簿只允许在财务室内随意翻阅查看
   C. 会计账簿除需要与外单位核对外,一般不能携带外出
   D. 会计账簿不能随意交与其他人员管理

17. 采用补充登记法,是因为( )导致会计账簿错误。
   A. 记账凭证上会计科目错误
   B. 记账凭证上记账方向错误
   C. 记账凭证上会计科目或记账方向正确,所记金额大于应记金额
   D. 记账凭证上会计科目或记账方向正确,所记金额小于应记金额

18. 在月末结账前发现所填制的记账凭证无误,根据记账凭证登记会计账簿时,将1 568元误记为15 860元,按照有关规定,更正时应采用的错账更正方法是( )。
   A. 划线更正法   B. 红字更正法
   C. 补充登记法   D. 平行登记法

19. 在月末结账前发现所填制的记账凭证将科目方向记反,并已过账,按照有关规定,更正时应采用的错账更正方法是( )。
   A. 划线更正法   B. 平行登记法
   C. 补充登记法   D. 红字更正法

20. 对账的内容不包括( )。
   A. 账证核对   B. 账款核对   C. 账实核对   D. 账账核对

任务二 多项选择题

练习要求:根据题意,选择正确答案(每小题备选答案中,有两个或两个以上符合题意的正确答案)。

1. 数量金额式账簿的借方、贷方和余额三个栏目内,都分设的栏目有( )。
   A. 数量   B. 种类   C. 单价   D. 金额

2. 下列属于错账更正方法的有( )。
   A. 红字更正法   B. 划线更正法
   C. 涂改更正法   D. 补充登记法

3. 多栏式账簿一般适用于( )明细账。
   A. 财务费用   B. 库存商品   C. 预收账款   D. 管理费用

4. 下列关于订本账的表述正确的有( )。
   A. 订本账是指在会计账簿启用前,就将若干账页固定装订成册的账簿
   B. 同一本会计账簿在同一时间能由多人记账,便于记账分工和用机器记账
   C. 订本式账簿主要适用于总分类账和现金、银行存款日记账
   D. 使用订本账的优点是可以防止抽换账页,避免账页散失

5. 下列各项中,适用于借方多栏式账页的有( )。
   A. 主营业务收入明细账   B. 生产成本明细账
   C. 制造费用明细账   D. 财务费用明细账

6. 下列各项中,属于总分类账与明细分类账平行登记要点的有( )。
   A. 时间相同   B. 期间相同   C. 金额相等   D. 方向相同

7. 记账后,发现记账凭证中的金额有错误,导致会计账簿记录错误,不能采用的错账更正方法有( )。
   A. 划线更正法   B. 红字更正法   C. 补充登记法   D. 重新抄写法

8. 下列应采用红字更正法更正的有( )。
   A. 在会计账簿中将 2 500 元误记为 2 550 元,记账凭证正确无误
   B. 在填制记账凭证时,误将"应收账款"科目填为"其他应收款"科目,并已登记入账
   C. 在填制记账凭证时,误将 3 000 元填作 300 元,尚未入账
   D. 记账凭证中的借贷方向用错,并已入账

9. 企业的会计账簿按其用途不同可以分为( )。
   A. 订本式账簿   B. 活页式账簿   C. 序时账簿   D. 备查账簿

10. 下列各项中,适用于三栏式账页的有( )。
    A. 生产成本明细账总账   B. 总账
    C. 库存现金日记账   D. 应付账款明细账

11. 下列原因导致的错账中,可以采用红字更正法更正的有( )。
    A. 记账凭证没有错误,登记会计账簿时发生错误
    B. 记账凭证的应借、应贷的会计科目没有错误,所记金额小于应记金额
    C. 记账凭证的应借、应贷的会计科目没有错误,所记金额大于应记金额
    D. 记账凭证的会计科目错误

12. 登记会计账簿的要求有( )。
    A. 登记后,要在记账凭证上签名或盖章,并注明已登账的符号,表示已记账
    B. 登记会计账簿要用圆珠笔、蓝黑或黑色墨水书写
    C. 会计账簿书写的文字和数字上面要留适当空距,一般应占格长二分之一
    D. 各种会计账簿按页次顺序连续登记,不得跳行、隔页

13. 采用划线更正法,其要点有( )。

A. 在错误的文字或数字(整个数字)上划一条红线注销

B. 更正人在划线处盖章

C. 在错误的文字或数字(单个数字)上划一条红线注销

D. 将正确的文字或数字用蓝字写在划线的上端

14. 多栏式明细分类账又可以分为(　　)。

A. 借方多栏式明细账　　　　　　B. 贷方多栏式明细账

C. 借贷双方多栏式明细账　　　　D. 对方科目多栏式明细账

15. 在登记完记账凭证后发现凭证有错误,可使用补充登记法更正差错的情况有(　　)。

A. 所填金额小于应填金额　　　　B. 所填金额大于应填金额

C. 发现记账凭证中应借、应贷科目有错　D. 发现记账凭证中应借、应贷科目无错

任务三　不定项选择题

练习要求:根据题意,选择正确答案(每小题备选答案中,有一个或一个以上符合题意的正确答案)。

1. 下列各项中,(　　)是连接会计凭证和会计报表的中间环节。

A. 复式记账　　　　　　　　　　B. 设置会计科目和账户

C. 设置和登记会计账簿　　　　　D. 编制会计分录

2. 银行存款日记账是根据(　　)逐日逐笔登记的。

A. 银行存款收、付款凭证　　　　B. 转账凭证

C. 库存现金收款凭证　　　　　　D. 银行对账单

3. 下列各项中,不可以作为总分类账户登记依据的是(　　)。

A. 记账凭证　　B. 科目汇总表　　C. 汇总记账凭证　　D. 明细账

4. 下列明细分类账户中,应该采用数量金额式明细分类账户的是(　　)。

A. 原材料明细分类账户　　　　　B. 应收账款明细分类账户

C. 制造费用明细分类账户　　　　D. 生产成本明细分类账户

5. 出纳人员登记和保管的会计账簿有(　　)。

A. 现金日记账　　　　　　　　　B. 银行存款日记账

C. 现金总账　　　　　　　　　　D. 银行存款总账

6. 银行存款日记账的登记方法正确的有(　　)。

A. 由出纳人员进行登记

B. 其借方根据银行存款的收款凭证或现金的付款凭证登记

C. 其贷方根据银行存款的付款凭证登记

D. 出纳人员应定期与会计人员登记的银行存款总账核对相符

7. 下列可以作为库存现金日记账借方登记依据的有（ ）。
   A. 库存现金收款凭证　　　　　　B. 库存现金付款凭证
   C. 银行存款收款凭证　　　　　　D. 银行存款付款凭证

8. 能够总括反映企业某一经济业务增减变动的会计账簿是（ ）。
   A. 总分类账　　B. 三栏式账　　C. 备查账　　D. 序时账

9. 下列各项中，属于账实核对的有（ ）。
   A. 现金日记账账面余额与现金实际库存数的核对
   B. 银行存款日记账账面余额与银行对账单的核对
   C. 财产物资明细账账面余额与财产物资实存数额的核对
   D. 应收、应付款明细账账面余额与债务、债权单位核对

10. 下列关于会计账簿的更换和保管的说法中，正确的有（ ）。
    A. 总账、日记账和多数明细账每年更换一次
    B. 变动较小的明细账可以连续使用，不必每年更换
    C. 备查账不可以连续使用
    D. 会计账簿由本单位财务会计部门保管半年后，交由本单位档案管理部门保管

11. 下列各项中，适合采用多栏式明细分类账簿进行明细账核算的是（ ）。
    A. 向客户赊销商品形成的应收账款　　B. 生产车间发生的制造费用
    C. 购买并验收入库的原材料　　　　　D. 向银行借入的短期借款

12. 下列会计账簿中，一般采用卡片式账簿的是（ ）。
    A. 应收账款明细账　　　　　　B. 库存商品明细账
    C. 库存现金日记账　　　　　　D. 固定资产明细账

13. 下列情况中，可以用红墨水记账的有（ ）。
    A. 在不设借贷等栏的多栏式账页中，登记减少数
    B. 在三栏式账户的余额栏前，如果未标明余额方向的，在余额栏内登记正数余额
    C. 冲销错误记录
    D. 冲销会计账簿中多记的金额

14. 下列不属于总账与明细账平行登记要点的是（ ）。
    A. 记账人员相同　　　　　　B. 会计期间相同
    C. 记账方向相同　　　　　　D. 金额相同

15. 下列各项中，属于账账核对的是（ ）。
    A. 各项财产物资明细账与财产物资的实有数额定期核对
    B. 银行存款日记账余额与银行对账单余额核对
    C 总账户借方发生额合计与其有关明细账户借方发生额合计的核对

D. 各种应收、应付账款明细账账面余额与有关债权、债务单位的账面记录相核对

16. 下列各项中,属于账证核对的有(　　)。

A. 日记账与收款凭证、付款凭证相核对

B. 总账与记账凭证相核对

C. 明细账与记账凭证或原始凭证相核对

D. 总分类账与明细分类账相核对

17. 某企业结账前发现会计账簿记录中有一笔金额为 2 468 元的销售业务误记为 2 486 元,相关的记账凭证没有错误。下列各项中,属于该企业应采用的正确错账更正方法的是(　　)。

A. 补充登记法　　　B. 划线更正法　　　C. 更正账页法　　　D. 红字更正法

18. 某企业记账后发现会计账簿记录中有一笔金额为 3 475 元的采购业务误记为 3 457 元,误记的原因是记账凭证金额记录错误。下列各项中,属于该企业应采用的正确错账更正方法的是(　　)。

A. 补充登记法　　　B. 划线更正法　　　C. 更正账页法　　　D. 红字更正法

19. 甲公司从乙公司购买一批原材料,增值税专用发票上注明价款 5 000 元,增值税税额为 650 元,材料已验收入库,款项已用银行存款支付。甲公司在记账凭证中登记的会计分录为:借记"原材料"账户 5 000 元,借记"应交税费——应交增值税(进项税额)"账户 680 元,贷记"银行存款"账户 680 元,并据以入账。则甲公司适用的错账更正方法是(　　)。

A. 红字更正法　　　　　　　　　B. 补充登记法

C. 尾数法　　　　　　　　　　　D. 划线更正法

20. 红字更正法通常适用的情况有(　　)。

A. 记账后发现记账凭证所记的会计科目错误

B. 发现以前年度的记账凭证有错误

C. 记账后发现会计科目无误,但所记金额大于应记金额

D. 记账后发现会计科目无误,但所记金额小于应记金额

任务四　判断辨析题

练习要求:判断每小题的表述是否正确。(正确打"√",错误打"×",并在辨析处写出正确答案)。

1. 启用会计账簿时,应当在账簿封面上写明单位名称和账簿名称,并在账簿扉页上附启用表。　　　　　　　　　　　　　　　　　　　　　　　　　(　　)

辨析:

2. 企业的序时账簿和分类账簿必须采用订本式账簿。　　　　　　（　　）

辨析：

3. 多栏式账页一般登记管理费用、主营业务收入和往来款项。　　（　　）

辨析：

4. 在库存现金日记账中，如果摘要栏的内容是"从银行提取现金"，则对方科目栏应填写"库存现金"科目。　　　　　　　　　　　　　　　　　　（　　）

辨析：

5. 通常所说的"日清"，就是企业每天都要登记现金日记账、结出余额，并将现金日记账余额与实有库存现金进行核对。　　　　　　　　　　　　　　（　　）

辨析：

6. 银行存款日记账是由出纳人员根据审核后的与银行存款收付业务有关的记账凭证按时间顺序逐日逐笔进行登记。　　　　　　　　　　　　　　（　　）

辨析：

7. 银行存款日记账的日期栏，应按开户银行实际收、付款项的日期填写。（　　）

辨析：

8. 所有的总账账户都应设置明细科目，进行明细核算。　　　　　　（　　）

辨析：

9. "本年利润"账户的明细分类核算，较适合使用借方和贷方多栏式明细分类账户的账页格式。　　　　　　　　　　　　　　　　　　　　　　　（　　）

辨析：

10. 根据总分类账户与明细分类账户平行登记关系，可以检查总分类账户与明细分类账户的记录是否正确。　　　　　　　　　　　　　　　　（　　）

辨析：

11. 备查簿的登记依据主要是经济业务的实际发生情况，因此必须根据原始凭证或记账凭证来进行登记。　　　　　　　　　　　　　　　　　　（　　）

辨析：

12. 记账后，发现记账凭证和会计账簿中记录错误是所记金额小于应记金额，而应借、应贷的会计科目正确，可采用红字更正法。　　　　　　　　　　　　（　　）

辨析：

13. 期末对账时，也包括账证核对，即会计账簿记录与原始凭证、记账凭证的时间、凭证字号、内容、金额是否一致，记账方向是否相符。　　　　　　　　　　（　　）

辨析：

14. 年度结账日一般在公历年度每年的 12 月 31 日，如果有特殊要求，也可以提前进行年度结账。　　　　　　　　　　　　　　　　　　　　　　　　　　　（　　）

辨析：

15. 编制的记账凭证会计科目错误，导致会计账簿记录错误，更正时，可以将错误的会计科目划红线注销，然后，在划线上方填写正确的会计科目。　　　　　　（　　）

辨析：

项目二　专业技能训练

任务一　现金日记账的登记

【实验目的】

学生通过该实验掌握日记账的格式和内容，日记账登记的方法和要求，能够根据既定或实际资料填制记账凭证，并且依据记账凭证规范登记日记账。

资料： 广山有限责任公司库存现金日记账 2×23 年 3 月末余额为 2 500 元，4 月 1 日至 4 月 29 日借方发生额合计数为 30 500 元、贷方发生额合计数为 30 800 元，4 月 29 日库存现金日记账账面余额为 2 200 元，4 月 30 日发生如下经济业务：

1. 签发现金支票从银行提取现金 4 000 元备用，原始凭证为一张现金支票存根，记账凭证编号为付字 55 号。

2. 张宁出差预借差旅费 5 000 元，会计用现金支付，原始凭证为一张借款单，记账凭证编号为付字 56 号。

3. 收到职工王星交来的押金 3 500 元,原始凭证为一张现金收款收据,记账凭证编号为收字 33 号。

要求:

1. 根据 4 月 30 日发生的经济业务编制记账凭证,如表 6-1 至表 6-3 所示。

表 6-1　　　　　　　　　　　　　　　付款凭证

贷方科目:　　　　　　　　　　　年　月　日　　　　　　　　　　　字第　号

摘要	借方科目		金额	记账
	总账科目	明细细目	百 十 万 千 百 十 元 角 分	√
附单据　张	合　计			

会计主管:　　　　记账:　　　　出纳:　　　　复核:　　　　制单:

表 6-2　　　　　　　　　　　　　　　付款凭证

贷方科目:　　　　　　　　　　　年　月　日　　　　　　　　　　　字第　号

摘要	借方科目		金额	记账
	总账科目	明细细目	百 十 万 千 百 十 元 角 分	√
附单据　张	合　计			

会计主管:　　　　记账:　　　　出纳:　　　　复核:　　　　制单:

表 6-3　　　　　　　　　　　　　　　收款凭证

借方科目:　　　　　　　　　　　年　月　日　　　　　　　　　　　字第　号

摘要	贷方科目		金额	记账
	总账科目	明细细目	百 十 万 千 百 十 元 角 分	√
附单据　张	合　计			

会计主管:　　　　记账:　　　　出纳:　　　　复核:　　　　制单:

2. 根据4月30日发生经济业务编制的记账凭证,逐笔登记库存现金日记账,如表6-4所示。4月30日相关业务登入现金日记账后,进行日清和月结。

表6-4　　　　　　　　　　　　库存现金日记账

2×23年		凭证		摘　要	对方科目	收入	支出	结余
月	日	种类	号数					
4	30			承前页		30 500	30 800	2 200

任务二　银行存款日记账的登记

【实验目的】

学生通过该实验掌握银行存款记账的格式和内容,银行存款日记账的登记方法和要求,会计凭证审核的方法和要求,能够根据既定或实际资料填制记账凭证,并且依据记账凭证规范登记银行存款日记账。

资料: 广山有限责任公司2×23年4月6日的银行存款日记账账面记录:借方发生额合计数为168 000元、贷方发生额合计数为126 000元,账面余额58 000元。三月末的本年累计借方发生额为800 800元,贷方发生额为650 000元。4月7日至5月3日发生的银行存款收支业务如下:

1. 4月7日,支付银行短期借款利息40 000元,凭证号为付5。
2. 4月16日,收到甲公司前欠货款70 200元,凭证号为收9。
3. 4月30日,支付给前欠乙公司的购料款23 400元,凭证号为付15。
4. 5月3日,支付给红光商场购买办公用品费6 000元,凭证号为付1。

要求:

1. 根据4月7日至5月3日发生的收付款业务编制记账凭证,如表6-5至表6-8所示。

表 6-5　　　　　　　　　　　　　　　　　付款凭证

贷方科目：　　　　　　　　　　　　年　月　日　　　　　　　　　　　　字第　号

摘要	借方科目		金额									记账√
	总账科目	明细细目	百	十	万	千	百	十	元	角	分	
附单据　张	合　计											

会计主管：　　　　记账：　　　　出纳：　　　　复核：　　　　制单：

表 6-6　　　　　　　　　　　　　　　　　收款凭证

借方科目：　　　　　　　　　　　　年　月　日　　　　　　　　　　　　字第　号

摘要	贷方科目		金额									记账√
	总账科目	明细细目	百	十	万	千	百	十	元	角	分	
附单据　张	合　计											

会计主管：　　　　记账：　　　　出纳：　　　　复核：　　　　制单：

表 6-7　　　　　　　　　　　　　　　　　付款凭证

贷方科目：　　　　　　　　　　　　年　月　日　　　　　　　　　　　　字第　号

摘要	借方科目		金额									记账√
	总账科目	明细细目	百	十	万	千	百	十	元	角	分	
附单据　张	合　计											

会计主管：　　　　记账：　　　　出纳：　　　　复核：　　　　制单：

表 6-8   付款凭证

贷方科目：   年　月　日   字第　号

摘要	借方科目		金额	记账√
	总账科目	明细细目	百十万千百十元角分	
附单据　张	合　计			

会计主管：　　　　记账：　　　　出纳：　　　　复核：　　　　制单：

2. 根据 4 月 7 日至 5 月 3 日发生收付款业务编制的记账凭证登记银行存款日记账，如表 6-9 所示。银行存款日记账登记完 4 月 30 日相关业务后，要进行结账，结计本月合计数和本年累计数。

3. 5 月 3 日登记付字 1 号凭证后，假定本账页用完，请结计过次页合计数，如表 6-9 所示。

表 6-9   银行存款日记账

2×23年		凭证		摘要	结算凭证		对方科目	收入	支出	结余
月	日	字	号		种类	号数				
4	6			承前页				168 000	126 000	58 000

任务三 多栏式明细账的登记

【实验目的】

通过该实验掌握多栏式明细账的格式和内容,多栏式明细账登记的方法和要求。

资料(一):

广山有限责任公司2×23年12月发生的涉及制造费用的经济业务如下:

1. 12月29日,广山有限责任公司开出一张2 600元的转账支票,用以支付所购办公用品费用,其中,生产车间领用1 000元,行政部门领用1 600元。同时,用银行存款支付生产车间的机器租赁费为3 000元。

2. 12月31日,广山有限责任公司的材料仓库本月发出材料如表6-10所示。

表6-10　　　　　　　　　　　　材料耗用汇总表

2×23年12月31日　　　　　　　　　　　　　　　　金额单位:元

用途	A材料		B材料		C材料		合计金额
	数量(千克)	金额	数量(千克)	金额	数量(千克)	金额	
产品生产耗用 其中:甲产品 乙产品	450 200 250	67 500 30 000 37 500	550 300 250	110 000 60 000 50 000	350 200 150	105 000 60 000 45 000	282 500 150 000 132 500
车间一般耗用	100	15 000	50	10 000			25 000
厂部管理耗用					120	36 000	36 000
合计	550	82 500	600	120 000	470	141 000	343 500

3. 12月31日,广山有限责任公司开出转账支票一张28 000元,用以支付本月水电费。其中,车间耗用17 000元,行政部门耗用11 000元。

4. 12月31日,广山有限责任公司分配本月职工工资240 000元,其中生产工人工资180 000元(生产甲产品工人的工资125 000元,生产乙产品工人工资55 000元),车间管理人员工资15 000元,行政管理人员工资45 000元。同时,根据在岗职工数量及岗位分布情况计算补贴食堂的福利金额。2×22年12月在岗职工80人,其中行政管理人员15人,车间管理人员5人,生产车间生产工人60人(生产甲产品的工人为40人,生产乙产品的工人为20人)。企业根据历史数据,对每位职工每个月补贴食堂150元。

5. 12月31日,广山有限责任公司按照职工工资总额的12%计提基本养老保险费。同时,按照职工工资总额的14%计提基本医疗保险费。

6. 12月31日,广山有限责任公司编制出本月固定资产折旧计算表,本月应计提固定资产折旧13 500元,其中,生产车间固定资产应计提折旧9 000元,行政管理部门固定资产应计提折旧4 500元。

要求:

1. 根据广山有限责任公司根据2×23年12月发生的涉及制造费用的经济业务编制会计分录,并按专用记账凭证进行编号。

2. 根据审核无误的会计分录登记制造费用明细分类账(表6-11)。

3. 根据制造费用明细分类账金额和甲、乙产品生产工人工资比例分配制造费用,填写制造费用分配表(表6-12),并进行会计处理,注明凭证编号,登入制造费用明细分类账中(表6-11)。

表6-11　　　　　　　　　　　制造费用明细分类账

年		凭证号	摘要						
月	日								

(续表)

年		凭证号	摘要					
月	日							

表 6-12　　　　　　　　　　　　　　制造费用分配表　　　　　　　　　　　　　　单位:元

产品名称	生产工人工资	分配率	分配金额
甲产品			
乙产品			
合计			

根据制造费用分配表进行会计处理时：

借：

贷：

资料(二)：

见模块四项目二专业技能训练(任务三制造业企业基本业务的核算)中的生产过程业务的内容。

要求： 根据模块三中制造业企业基本业务的核算的生产过程业务已经编制的会计分录，逐笔登记"生产成本"明细分类账，如表 6-13、表 6-14 所示。凭证号用业务编号代替。并且对"生产成本"明细分类账进行月结。

表 6-13　　　　　　　　　　　　生产成本明细分类账

会计科目：甲产品

年		凭证号	摘要	借方发生额	成本项目		
月	日				直接材料	直接人工	制造费用

(续表)

年		凭证号	摘要	借方发生额	成本项目		
月	日				直接材料	直接人工	制造费用

表 6-14　　　　　　　　　　　　生产成本明细分类账

会计科目:乙产品

年		凭证号	摘要	借方发生额	成本项目		
月	日				直接材料	直接人工	制造费用

任务四　总分类账和明细分类账的平行登记

【实验目的】

学生通过该实验明确和理解平行登记的要点、方法和步骤,能够根据既定或实际资料对相关会计账户平行登记登记期初余额、本期发生额,并结出期末余额。

资料：广山有限责任公司 2×23 年 11 月初"原材料"和"应付账款"两个总分类账户及所属明细分类账户余额如下：

"原材料"总分类账户借方余额为 100 000 元,其所属明细分类账户中 A 材料 300 件,每件 150 元,计 45 000 元；B 材料 550 件,每件 100 元,计 55 000 元。

"应付账款"总分类账户贷方余额为 35 000 元,其所属明细分类账户中甲公司贷方余额为 15 000 元,乙公司贷方余额为 20 000 元。

该公司 11 月份发生的材料收发业务和应付账款业务如下：

(1) 11 月 8 日,向甲公司购进 A 材料 100 件,单价 150 元,计 15 000 元。货款未付,材料已验收入库(不考虑增值税)。

(2) 11 月 12 日,向乙公司购进 B 材料 50 件,单价 100 元,计 5 000 元。货款尚未付,材料已验收入库(不考虑增值税)。

(3) 11 月 21 日,以银行存款偿还前欠货款 45 000 元,其中：偿还甲公司货款 25 000 元,偿还乙公司货款 20 000 元。

(4) 11 月 25 日,公司生产产品领用材料 17 500 元,其中：A 材料 50 件,单价 150 元,计 7 500 元；B 材料 100 件,单价 100 元,计 10 000 元。

要求：根据上述资料编制正确的会计分录,依据平行登记的要求分别登记"原材料"账户和"应付账款"账户的总分类账及其所属明细分类账,如表 6-15 至表 6-20 所示。登记时要求内容完整,形式规范,余额正确。

表 6-15　　　　　　　　　　　　　　总分类账

会计科目：原材料

年		凭证号	摘要	借方	贷方	借或贷	余额
月	日						

表 6-16　　　　　　　　　　　　　原材料明细分类账

类别：　　　　　　　品名或规格：　　　　　单位：　　　　　　　存放地点：

年		凭证号	摘要	收入			发出			结存		
月	日			数量	单价	金额	数量	单价	金额	数量	单价	金额

(续表)

年		凭证号	摘要	收入			发出			结存		
月	日			数量	单价	金额	数量	单价	金额	数量	单价	金额

表 6-17 原材料明细分类账

类别：　　　　　　　　　品名或规格：　　　　　单位：　　　　　　　存放地点：

年		凭证号	摘要	收入			发出			结存		
月	日			数量	单价	金额	数量	单价	金额	数量	单价	金额

表 6-18 总分类账

会计科目：应付账款

年		凭证号	摘要	借方	贷方	借或贷	余额
月	日						

表 6-19 应付账款明细分类账

会计科目：

年		凭证号	摘要	借方	贷方	借或贷	余额
月	日						

表 6-20　　　　　　　　　　　应付账款明细分类账

会计科目：

年		凭证号	摘　要	借方	贷方	借或贷	余额
月	日						

任务五　错账更正

【实验目的】

学生通过该实验掌握查找错账和更正错账的方法。

资料：广山有限责任公司 2×23 年 3 月查账时发现下列错账：

1. 从银行提取现金 4 500 元，过账后，原记账凭证没错，会计账簿错将金额记为 5 400 元。

2. 接受乙企业投资固定资产，评估确认价值 80 000 元。查账时发现凭证与会计账簿均记为：

　　借：固定资产　　　　　　　　　　　　　　　　　　　　　　　　80 000
　　　　贷：资本公积　　　　　　　　　　　　　　　　　　　　　　　　80 000

3. 用银行存款 3 000 元购入 3 台小型计算器，查账时发现凭证与会计账簿均记为：

　　借：固定资产　　　　　　　　　　　　　　　　　　　　　　　　3 000
　　　　贷：银行存款　　　　　　　　　　　　　　　　　　　　　　　　3 000

4. 以银行存款偿还短期借款 7 000 元，查账时发现凭证与会计账簿中科目没有记错，但金额均记为 70 000 元。

5. 将盈余公积转增实收资本，查账时发现凭证和会计账簿均少计 65 000 元。

要求：说明发现的错误采用的更正方法并进行更正。（编制更正的会计分录，更正的会计账簿可省略）

项目三 案例分析

任务一 岗位案例

审计人员在查阅 U 企业 2×23 年 10 月份的会计报表时,发现利润表中"主营业务收入"项目较以前月份的发生额有较大幅度的增加,资产负债表中的"应收账款"项目本期与前几期比较也发生了较大变动。于是,审计人员查阅该企业的账簿,发现"应收账款"总账与明细账金额之和不等,总账所记载的一些"应收账款"数额,明细账中并未作登记。审计人员根据会计账簿记录调阅有关记账凭证,发现三张记账凭证后未附原始凭证。其中:

(1) 10 月 12 日,第 9 号凭证上编制的会计分录如下:

借:应收账款　　　　　　　　　　　　　　　　　　　　　565 000
　　贷:主营业务收入　　　　　　　　　　　　　　　　　　　500 000
　　　　应收税费——应交增值税(销项税额)　　　　　　　　65 000

(2) 10 月 17 日,第 15 号凭证上编制的会计分录如下:

借:应收账款　　　　　　　　　　　　　　　　　　　　　113 000
　　贷:主营业务收入　　　　　　　　　　　　　　　　　　　100 000
　　　　应交税费——应交增值税(销项税额)　　　　　　　　13 000

(3) 10 月 23 日,第 20 号凭证上编制的会计分录如下:

借:应交税费——应交增值税(销项税额)　　　　　　　　　78 000
　　贷:应收账款　　　　　　　　　　　　　　　　　　　　　78 000

经审查,U 企业在上述 10 月份的三张会计凭证中虚列当期收入 60 万元,三笔业务在"库存商品"明细账和"主营业务成本"明细账中均未登记,准备于下年年初作销货退回处理。

问题: (1) U 企业此举的目的是什么?说明企业这样做的原因。

(2) 上述问题在年终结账前发现,U 企业应如何调账?

任务二 综合案例

资料: 某企业为增值税一般纳税企业,适用的增值税税率为 13%。本月"应收账款"账户期初余额为 117 000 元,本月收回应收账款 70 200 元,"应收账款"账户期末余额为 93 600 元;"库存商品"账户期初余额为 100 000 元,本月完库商品销售收入为 90 000 元;

本月销售商品取得的现金收入为120 000元(不含增值税),本月销售商品成本占商品销售收入的60%。假定应收账款期初余额及本期发生额均为销售商品而发生的,而且其金额仅包括价款部分及增值税;同时本月发出商品均用于销售,而且销售收入均已实现。

要求: 根据以上资料,回答以下5个问题。

1. 借贷记账法的记账规则是( )。
   A. 发生额及余额试算平衡　　　　B. 利润＝收入－费用
   C. 资产＝负债＋所有者权益　　　D. 有借必有贷,借贷必相等

2. 有关借贷记账法的账户结构,以下说法正确的有( )。
   A. 左方和右方登记的数额相等,方向相反
   B. 左方登记增加,右方登记减少
   C. 右方为借方,左方为贷方
   D. 左方为借方,右方为贷方

3. 根据上述资料计算,该企业本月"应收账款"账户发生额为( )。
   A. 借方46 800元　　　　　　　　B. 贷方46 800元
   C. 贷方140 400元　　　　　　　 D. 借方140 400元

4. 根据上述资料计算,该企业本月实现的销售收入为( )元。
   A. 240 000　　　　　　　　　　　B. 142 400.53
   C. 161 415.93　　　　　　　　　 D. 46 800

5. 根据上述资料计算,该企业本月"库存商品"账户期末余额为( )。
   A. 借方93 150.44元　　　　　　B. 借方96 000元
   C. 贷方93 150.44元　　　　　　D. 贷方96 000元

任务三　思政案例

1. DJ公司是国有大中型企业,其产品也曾有过近30年的畅销历史。20世纪90年代,"三角债"所带来的财务困难使企业的发展遇到阻碍。为了分流一部分职工搞"三产",减轻企业压力,该公司在15个月内,运用假投资的方式,"生出"了23个下属企业。于是,DJ公司的财务处长被该厂职工称为"下蛋"大王。

这位"下蛋"处长的"高招"是:以企业现有的固定资产重复向当地工商行政管理局出具投资证明,并同时借记"长期股权投资"账户,贷记"固定资产"账户。在获得营业执照后,将原来在账面上已冲减的固定资产再恢复原貌,以备下次继续"下蛋"时使用。

"下蛋"的后果是给新开办企业带来资本不实的先天性缺陷,同时给弄虚作假提供条件,因为新企业的会计在上任后需要做的账务处理就是虚借"固定资产"账户,虚贷"实收资本"账户。

问题: 本案例中涉及的违法行为主要采取了什么手段？该公司的违法行为应承担哪些法律责任？

2. 某县万民有限责任公司（国有企业）林某自2016年起担任总经理。2020年12月，林某因公司业绩突出受到组织部门预备提拔的考核，准备升任该县某局副局长。在考核中，组织部门接到举报，举报人说林某在任职期间有指使和放任财务人员做假账、打击压制坚持原则的会计人员等问题。随即，该县财政、审计、统计部门组成联合调查组对该公司近些年特别是林某任总经理期间的账目进行了全面检查，结果发现：

（1）该公司设置大小两套账，大账对外，小账对内。

（2）不按规定进行会计资料的保管，致使原始资料被毁损、灭失严重。

（3）3个月前，林某因不满会计郑某多次不听从做违法会计账的指令，尤其不满其向上级主管部门反映真实情况，将其调回车间。

（4）任命林某的儿子担任会计科科长。

（5）近3年的账目中的伪造、变造会计凭证虚增利润等违法问题系在林某的强令或授意下所为。

联合调查组向县会计主管部门——县财政局通报上述情况。县财政局因此对该公司作出责令限期整改的处罚，并罚款8.6万元，要求该公司恢复郑某会计职务和会计级别待遇的处理决定。对林某有关事实根据《会计法》给出了书面意见，反馈至组织部门，最后移送检察院进入司法程序。

问题: 分析以上案例存在的问题。

模块七　财产清查

项目一　基础知识积累

任务一　单项选择题

模块七
习题答案

练习要求：根据题意，选择正确答案（每小题备选答案中，只有一个正确答案）。

1. 2023年10月31日，A企业银行存款日记账账面余额为216万元，收到银行对账单的余额为212.3万元。经逐笔核对，该企业存在以下记账差错及未达账项：从银行提取现金6.9万元，会计人员误记为9.6万元；银行为企业代付电话费6.4万元，但企业未接到银行付款通知，尚未入账。10月31日调节后的银行存款余额为（　　）万元。
   A. 212.3　　　　B. 225.1　　　　C. 205.9　　　　D. 218.7

2. 库存现金的清查，采用实地盘点法，对库存现金进行盘点时，（　　）必须在场。
   A. 出纳人员　　　　　　　　B. 单位负责人
   C. 企业法人　　　　　　　　D. 仓库保管员

3. 库存现金盘点结束后，需要填制库存现金盘点报告表，库存现金盘点报告表是重要的（　　）。
   A. 记账凭证　　　　　　　　B. 原始凭证
   C. 外来凭证　　　　　　　　D. 财务会计报告

4. 银行存款余额调节表中，银行对账单余额应减去（　　）。
   A. 企业已收银行未收　　　　B. 银行已收企业未收
   C. 企业已付银行未付　　　　D. 银行已付企业未付

5. 对于大量成堆难以清点的财产物资，应采用的清查方法是（　　）。
   A. 实地盘点法　　　　　　　B. 抽样盘点法
   C. 询证核对法　　　　　　　D. 技术推算法

6. 下列各项中，清查应采用询证核对法的是（　　）。

A. 原材料　　　　　　　　　B. 应付账款
C. 实收资本　　　　　　　　D. 短期投资

7. 现金清查的方法是(　　)。
A. 技术推算法　　　　　　　B. 实地盘点法
C. 外调核对法　　　　　　　D. 与银行对账单相核对

8. 对于现金的清查,应将其结果及时填列(　　)。
A. 盘存单　　　　　　　　　B. 实存账存对比表
C. 现金盘点报告表　　　　　D. 对账单

9. 对债权债务的清查应采用的方法是(　　)。
A. 询证核对法　　　　　　　B. 实地盘点法
C. 技术推算法　　　　　　　D. 抽样盘存法

10. 在记账无误的情况下,导致银行对账单和银行存款日记账不一致的原因是(　　)。
A. 应付账款　　　　　　　　B. 应收账款
C. 未达账项　　　　　　　　D. 外埠存款

11. 银行存款清查的方法是(　　)。
A. 日记账与总分类账核对　　B. 日记账与收付款凭证核对
C. 日记账和对账单核对　　　D. 总分类账和收付款凭证核对

12. 对于盘盈的固定资产的净值应贷记的会计账户是(　　)。
A. "以前年度损益调整"账户　B. "营业外支出"账户
C. "管理费用"账户　　　　　D. "待处理财产损溢"账户

13. "待处理财产损溢"账户期末(　　)。
A. 余额在借方　　　　　　　B. 余额在贷方
C. 一般没有余额　　　　　　D. 可能在借方,也可能在贷方

14. 核销存货的盘盈时,应贷记的会计账户是(　　)。
A. "管理费用"账户　　　　　B. "营业外收入"账户
C. "待处理财产损溢"账户　　D. "其他业务收入"账户

15. 对财产物资的收发都有严密的手续,且在会计账簿中有连续的记载便于确定结存的制度是(　　)。
A. 实地盘存制　　　　　　　B. 权责发生制
C. 永续盘存制　　　　　　　D. 收付实现制

16. 实存账存对比表是调整账面记录的(　　)。
A. 记账凭证　　　　　　　　B. 转账凭证
C. 原始凭证　　　　　　　　D. 累计凭证

17. 一般而言,单位撤销、合并时,要进行(　　)。
    A. 定期清查　　　　　　　　B. 全面清查
    C. 局部清查　　　　　　　　D. 实地清查
18. 对于盘亏的固定资产,按规定程序批准后,应按盘亏固定资产的净值借记的会计账户是(　　)。
    A. "待处理财产损溢"账户　　B. "营业外支出"账户
    C. "累计折旧"账户　　　　　D. "固定资产清理"账户
19. 采用备抵法时,企业对于无法收回的应收账款应借记的会计账户是(　　)。
    A. "财务费用"账户　　　　　B. "营业外支出"账户
    C. "待处理财产损溢"账户　　D. "坏账准备"账户
20. 采用实地盘存制,平时会计账簿记录中不能反映(　　)。
    A. 财产物资的购进业务　　　B. 财产物资的减少数额
    C. 财产物资的增加和减少数额　D. 财产物资的盘盈数额

任务二　多项选择题

1. 往来款项包含(　　)。
    A. 应收款项　　　　　　　　B. 应付款项
    C. 预收款项　　　　　　　　D. 预付款项
2. 下列各项中,企业必须进行财产清查的有(　　)。
    A. 清产核资前　　　　　　　B. 股份制改造前
    C. 单位改变隶属关系前　　　D. 单位主要领导人离任交接前
3. 外部清查是指由(　　)等根据国家有关规定或情况需要对本单位进行的财产清查。
    A. 上级主管部门　　　　　　B. 审计机关
    C. 司法部门　　　　　　　　D. 注册会计师
4. 如果不存在未达账项,银行存款日记账账面余额与银行对账单余额之间有差额,说明企业与银行(　　)可能存在记账错误。
    A. 双方　　　　　　　　　　B. 其中一方
    C. 都不　　　　　　　　　　D. 不可能出现
5. 全面清查的对象包括(　　)。
    A. 货币资金　　　　　　　　B. 各种实物资产
    C. 往来款项　　　　　　　　D. 在途材料、商品
6. 财产清查的程序一般包括(　　)。

A. 建立财产清查组织 B. 确定清查对象、范围
C. 填制盘存清单 D. 制定清查方案

7. 下列各项中,关于银行存款余额调节表的说法正确的有(　　)。

A. 一种对账记录

B. 一种对账工具

C. 不能作为调整银行存款账面记录的依据

D. 可以作为调整银行存款账面记录的依据

8. 财产物资的盘存制度有(　　)。

A. 收付实现制 B. 权责发生制
C. 永续盘存制 D. 实地盘存制

9. 核对账目法适用于(　　)。

A. 固定资产的清查 B. 现金的清查
C. 银行存款的清查 D. 短期借款的清查

10. 财产清查结果的处理步骤包括(　　)。

A. 核准数字,查明原因 B. 调整凭证,做到账实相符
C. 调整会计账簿,做到账实相符 D. 进行批准后的账务处理

任务三　不定项选择题

练习要求:根据题意,选择正确答案(每小题备选答案中,有一个或一个以上符合题意的正确答案)。

1. 企业撤销时,对其财产物资进行的清查,属于(　　)。

A. 局部清查和定期清查 B. 全面清查和定期清查
C. 局部清查和不定期清查 D. 全面清查和不定期清查

2. 下列需要进行全面财产清查的情况是(　　)。

A. 年终决算前 B. 企业股份制改制前
C. 单位主要负责人调离工作 D. 仓库保管人员调离时

3. 下列属于进行不定期清查的情况是(　　)。

A. 年终决算前 B. 企业撤销或合并时
C. 发生自然灾害和意外损失时 D. 仓库保管人员调离时

4. 财产清查按清查的时间,可以分为(　　)。

A. 全面清查 B. 内部清查
C. 定期清查 D. 不定期清查

5. 财产清查按清查的执行单位不同,可以分为(　　)。

A. 局部清查 B. 内部清查
C. 外部清查 D. 全面清查

6. 财产清查按清查的范围不同,可以分为( )。
   A. 局部清查 B. 内部清查
   C. 外部清查 D. 全面清查

7. 进行局部财产清查时,正确的做法是( )。
   A. 现金每月清点一次 B. 银行存款每月至少同银行核对一次
   C. 贵重物品每月盘点一次 D. 债权债务每年至少核对1—2次

8. 定期清查的时间一般是( )。
   A. 年末 B. 单位主要负责人调离工作时
   C. 季末 D. 月末

9. 银行存款的清查方法是( )。
   A. 实地盘点法 B. 技术推算法
   C. 日记账与对账单核对 D. 日记账与总分类账核对

10. 在财产清查过程中,应编制并据以调整账面记录的原始凭证有( )。
    A. 库存现金盘点报告表 B. 银行存款余额调节表
    C. 盘存单 D. 实存账存对比表

11. 核销存货的盘盈时,应贷记( )账户。
    A. "营业外收入" B. "管理费用"
    C. "待处理财产损溢" D. "其他业务收入"

12. 编制银行存款余额调节表时,计算调节后的余额应以企业银行存款日记账余额( )。
    A. 加银行已收企业未收的金额 B. 加企业已收银行未收的金额
    C. 减银行已付企业未付的金额 D. 减企业已付银行未付的金额

13. 对应收账款的清查应采用的方法是( )。
    A. 询证核对法 B. 技术推算法
    C. 实地盘点法 D. 抽样盘存法

14. 下列财产清查中,报经批准后,会影响企业营业利润的有( )。
    A. 无法查明原因的现金短缺 B. 无法查明原因的现金溢余
    C. 存货的盘盈 D. 固定资产盘亏

15. 某企业为增值税一般纳税人,适用的增值税税率为13%,该企业因管理不善毁损一批材料,该批材料的实际成本为20 000元,购买时支付的增值税税额为2 600元,应收保险公司的赔偿为10 000元,不考虑其他因素,该批被盗原材料形成的净损失为( )元。

A. 10 000   B. 20 000
C. 12 600   D. 2 2600

16. 产生未达账项的原因是(　　)。
   A. 某一方或双方记账错误   B. 双方取得凭证的时间不一致
   C. 双方结账的时间不一致   D. 双方对账的时间不一致

17. "待处理财产损溢"账户属于(　　)账户。
   A. 资产类   B. 负债类
   C. 损益类   D. 所有者权益类

18. 下列财产清查中,既属于全面清查又属于不定期清查的是(　　)。
   A. 更换仓库保管人员   B. 单位主要负责人调离时
   C. 单位合并时   D. 年终决算前

19. 财产清查的意义包括(　　)。
   A. 有利于保证会计核算资料的真实可靠
   B. 有利于挖掘财产物资的潜力,加速资金周转
   C. 有利于保护财产物资的安全完整
   D. 有利于维护财经纪律和结算制度

20. 全面清查和局部清查是按照(　　)来划分的。
   A. 财产清查的范围   B. 财产清查的时间
   C. 财产清查的方法   D. 财产清查的执行单位

任务四　判断辨析题

练习要求:判断每小题的表述是否正确(正确打"√",错误打"×",并在辨析处写出正确答案)。

1. 财产清查是根据会计账簿记录,对企业的财产物资等进行盘点或核对,查明各项财产的实存数与账面结存数是否相符的一种专门方法。　　　　　　　　　　　(　　)

   辨析:

2. 对于大量成堆难以清点的财产物资,应采用的清查方法是实地盘点法。　(　　)

   辨析:

3. 往来款项对账单属于调整会计账簿记录的原始凭证。　　　　　　　　(　　)

   辨析:

4. 库存现金盘点报告表属于调整会计账簿记录的原始凭证。　　　　（　　）

辨析：

5. 对"库存现金""银行存款"账户的清查均应采用实地盘点法。　　（　　）

辨析：

6. 银行存款日记账和银行对账单不一致的原因一定是一方或双方记账错误。（　　）

辨析：

7. 对贵重的财产物资，应每月清查盘点一次，此类财产清查通常称之为全面清查。
（　　）

辨析：

8. 财产清查结果的处理中，对于存货保管中产生的定额内自然损耗，报经批准后应转入"管理费用"账户　　　　　　　　　　　　　　　　　　（　　）

辨析：

9. 财产清查结果的处理中，对于自然灾害所造成的存货毁损净损失，报经批准后应转入"营业外支出"账户　　　　　　　　　　　　　　　　　（　　）

辨析：

10. 财产清查结果的处理中，对于管理不善所造成的存货毁损净损失，报经批准后应转入"营业外支出"账户　　　　　　　　　　　　　　　　（　　）

辨析：

项目二　专业技能训练

任务一　库存现金盘点报告表的编制

【实验目的】

学生通过该实验掌握库存现金盘点的意义和作用，库存现金盘点的时间、步骤、方法和要求，能够根据既定或实际资料填制库存现金盘点报告表，并对库存现金溢缺进行相应的正确处理。

资料: 广山有限责任公司2×23年12月25日下午5时,财产清查组的相关人员对企业的库存现金进行了实地盘点,相关具体事宜如下:

(1) 银行核定的库存现金限额为2 500元。

(2) 库存现金日记账账面余额为4 000元。

(3) 经盘点确认库存现金的实存情况为:100元币15张;50元币16张;20元币10张;10元币21张;5元币10张;2元币10张;1元币10个;5角币10个;1角币50个。

(4) 经确认25日下午有收款未入账的销售发票一张金额2 340元;有已付款未入账的发票两张金额2 500元。

要求:

1. 根据上述资料确认库存现金的相关数额。

(1) 库存现金账面余额=

(2) 库存现金应结存金额=

(3) 库存现金实际结存金额=

(4) 库存现金溢缺金额=

2. 编制库存现金盘点报告表(表7-1)。

表7-1　　　　　　　　　　　库存现金盘点报告表

单位名称:　　　　　　　　　　　　年　月　日　　　　　　　　　　　　单位:元

实存金额	账存金额	实存与账存对比		备注
		盘盈	盘亏	

盘点人签章:　　　　　　　　　　出纳员签章:

3. 25日根据库存现金盘点报告表填制记账凭证(表7-2)(假定为现付30号)。

表7-2　　　　　　　　　　　　付款凭证

贷方科目:　　　　　　　　　　　　年　月　日　　　　　　　　　　　字第　号

摘要	借方科目		金额									记账√
	总账科目	明细细目	百	十	万	千	百	十	元	角	分	
附单据　张		合　计										

会计主管:　　　　记账:　　　　出纳:　　　　复核:　　　　制单:

4. 26日短缺确定应由出纳员赔偿（未收款），填制记账凭证如表7-3所示（假定为转账33号）。

表7-3　　　　　　　　　　　　　　转账凭证

年　月　日　　　　　　　　　　　　　　　　字第　号

摘要	总账科目	明细科目	借方金额									贷方金额									记账√
			十	万	千	百	十	元	角	分	十	万	千	百	十	元	角	分		
附单据　张	合　计																			

会计主管：　　　　　　记账：　　　　　　复核：　　　　　　制单：

5. 27日出纳员交回现款，填制记账凭证如表7-4所示（假定为现收28号）。

表7-4　　　　　　　　　　　　　　收款凭证

借方科目：　　　　　　　　　　年　月　日　　　　　　　　　字第　号

摘要	贷方科目		金额									记账√
	总账科目	明细细目	百	十	万	千	百	十	元	角	分	
附单据　张	合　计											

会计主管：　　　记账：　　　出纳：　　　复核：　　　制单：

任务二　银行存款余额调节表的编制

【实验目的】

学生通过该实验掌握银行存款余额调节表的意义和作用、编制的方法和要求，以及计算公式的含义和应用；能够根据既定或实际资料规范编制银行存款余额调节表，及时地发现过失错误和舞弊行为，确保企业和投资人财产的安全和完整。

资料：

1. 广山有限责任公司 2×23 年 2 月 1 日银行存款日记账余额为 202 000 元，2 月 1 日至 4 日发生额即为银行存款日记账"承前页"所列发生额。2 月 5 日至 2 月 28 日发生的银行存款收支业务如下：

(1) 2 月 5 日采用汇兑结算方式（结算凭证号 4836）支付前欠甲公司货款 120 000 元。

(2) 2 月 16 日采用委托收款方式（结算凭证号 0047）收回乙公司前欠货款 200 000 元。

(3) 2 月 19 日用转账支票（支票号 360078）购买办公用品 12 000 元。

(4) 2 月 25 日用托收承付方式（结算凭证号 4278）支付丙公司货款 50 000 元。

(5) 2 月 26 日用现金支票（支票号 4278005）从银行提取现金 2 000 元。

(6) 2 月 28 日采用委托收款方式（结算凭证号 0048）收回丁公司前欠货款 200 000 元。

2. 2 月 28 日，银行转来 2 月 5 日至 28 日对账单如表 7-5 所示。

表 7-5　　　　　　　　　　　　　银行对账单

日期	结算凭证种类	号码	摘要	发生额	余额
2/5	电汇	4836	付甲公司货款	120 000	102 000
2/16	委收	0047	收乙公司货款	200 000	302 000
2/25	托收承付	4278	付丙公司货款	50 000	252 000
2/26	现金支票	4278005	提取现金	2 000	250 000
2/28	委托收款	0048	收丁公司货款	200 000	450 000
2/28	委托收款	0049	收 A 公司货款	100 000	550 000

要求：

1. 根据 2 月 5 日至 28 日发生的银行收支业务编制会计分录，登记银行存款日记账，如表 7-6 所示。

表 7-6　　　　　　　　　　　　　银行存款日记账

2×22 年		结算凭证种类	结算凭证号数	摘要	借方	贷方	借或贷	余额
月	日							
2	4			承前页	62 000	42 000	借	222 000

(续表)

2×22年		结算凭证种类	结算凭证号数	摘要	借方	贷方	借或贷	余额
月	日							

2. 根据企业银行存款日记账记录和银行对账单记录确定未达账项。

3. 根据所确定的未达账项编制银行存款余额调节表,如表 7-7 所示。

表 7-7　　　　　　　　　　银行存款余额调节表
　　　　　　　　　　　　　　　年　月　日

项目	金额	项目	金额
企业银行存款日记账余额		银行对账单余额	
加:银行已收企业未收 减:银行已付企业未付		加:企业已收银行未收 减:企业已付银行未付	
调整后银行存款日记账余额		调整后银行对账单余额	

项目三　案例分析

任务一　岗位案例

天宇公司是一家小企业,财产清查结束后,需要对盘盈、盘亏财产进行相应的账务处理,公司会计人员按一般企业处理方法设置了"待处理财产损溢"账户,先将盘盈、盘亏财产转入"待处理财产损溢"账户,待批准后再转入费用或其他相关账户。

问题:天宇公司作为小企业,是否与一般企业一样应对财产清查结果进行处理?能否进行简化处理?

任务二　综合案例

某制造企业为增值税一般纳税人,2022 年至 2023 年发生相关经济业务如下:

(1) 2022 年 6 月 1 日,购进一台设备并交付生产部门使用,取得的增值税专用发票上注明的价款为95万元,增值税税额为12.35万元,发票已通过税务机关认证,全部款项已通过银行存款支付。该设备预计使用年限为10年,预计净残值为5万元,采用直线法计提折旧。

(2) 2023年1月至6月,企业将该设备出租,每月取得不含税租金收入5 000元,增值税税额为650元,款项以银行存款收讫。

(3) 2023年8月,企业对该设备进行日常维修,发生不含税维修费用5 000元。

(4) 2023年12月,该设备因遭受自然灾害发生严重毁损,企业支付不含税清理费1万元,经保险公司核定应赔偿损失30万元。该设备已计提累计折旧13.5万元,不存在减值迹象;至当年末,设备尚未清理完毕。

要求: 根据上述资料,不考虑其他因素,分析回答下列小题。(答案中的金额单位用万元表示)

1. 根据资料(1),2022年6月1日购进设备的入账成本是(　　)万元。
   A. 95　　　　B. 107.35　　　　C. 12.35　　　　D. 90

2. 根据资料(1),下列关于该设备折旧的表述中,正确的是(　　)。
   A. 2022年6月开始计提折旧
   B. 该设备月折旧额为7 500元
   C. 2022年7月开始计提折旧
   D. 该设备应计提折旧总额为95万元

3. 根据资料(1)和(2),下列各项中,关于该设备出租的相关会计处理正确的是(　　)。

   A. 收到租金收入时:

借:银行存款	5 650
贷:营业外收入	5 000
应交税费——应交增值税(销项税额)	650

   B. 收到租金收入时:

借:银行存款	5 650
贷:其他业务收入	5 000
应交税费——应交增值税(销项税额)	650

   C. 设备按月计提折旧时:

借:其他业务成本	7 500
贷:累计折旧	7 500

   D. 设备按月计提折旧时:

借:管理费用	7 500
贷:累计折旧	7 500

4. 根据资料(3),下列各项中,企业对该设备发生的日常维修费用应记入的会计账户是(　　)账户。

　　A. "生产成本"　　　　　　　　B. "其他业务成本"

　　C. "制造费用"　　　　　　　　D. "管理费用"

5. 根据资料(1)和(4),下列各项中,关于企业处置该设备会计处理结果的表述正确的是(　　)。

　　A. 处置该设备时,按其账面价值借记"固定资产清理"账户81.5万元

　　B. 按应收保险公司赔款借记"固定资产清理"账户30万元

　　C. 按支付的清理费借记"固定资产清理"账户1万元

　　D. 2023年12月31日资产负债表中"固定资产"账户期末余额为52.5万元

任务三　思政案例

出纳直接与货币资金打交道,这个岗位对出纳人员的职业道德要求非常高,如果用人不当,又遇管理失控,可能会给公司带来不可挽回的经济损失。

某公司出纳王某投资股市被套牢,急于翻本又苦于没有资金,他开始对自己每天经手的现金动了邪念,凭着财务主管对他的信任,他拿了财务主管的财务专用章在自己保管的空白现金支票上任意盖章取款。月底,银行对账单也是由他到银行提取且自行核对,因此他的行为在很长一段时间未被发现。至案发时,公司蒙受了巨大的经济损失。

问题: 王某的行为符合会计职业道德吗?出纳王某的违约行为在很长一段时间内未被发现,为什么?

模块八　财务会计报告

项目一　基础知识积累

任务一　单项选择题

模块八
习题答案

练习要求：根据题意，选择正确答案（每小题备选答案中，只有一个正确答案）。

1. 依照我国《企业会计准则》的要求，资产负债表采用的格式为（　　）。
   A. 单步报告式　　　　　　　　B. 多步报告式
   C. 账户式　　　　　　　　　　D. 混合式
2. 资产负债表是反映企业（　　）财务状况的会计报表。
   A. 某一特定日期　　　　　　　B. 一定时期内
   C. 某一年份内　　　　　　　　D. 某一月份内
3. 下列各个会计报表中，属于反映企业对外的静态报表的是（　　）。
   A. 利润表　　　　　　　　　　B. 成本报表
   C. 现金流量表　　　　　　　　D. 资产负债表
4. 所有者权益变动表是（　　）。
   A. 利润表的附表　　　　　　　B. 资产负债表的附表
   C. 现金流量表的附表　　　　　D. 会计报表的主表
5. 编制会计报表时，以"资产＝负债＋所有者权益"这一会计等式作为编制依据的会计报表是（　　）。
   A. 利润表　　　　　　　　　　B. 所有者权益变动表
   C. 资产负债表　　　　　　　　D. 现金流量表
6. 以"收入－费用＝利润"这一会计等式作为编制依据的会计报表是（　　）。
   A. 利润表　　　　　　　　　　B. 所有者权益变动表
   C. 资产负债表　　　　　　　　D. 现金流量表

7. 在利润表中,对主营业务和其他业务合并列示,而将各项利润单独列示,这一做法体现了( )。

   A. 真实性原则　　　　　　　　　　B. 配比原则

   C. 权责发生制原则　　　　　　　　D. 重要性原则

8. 下列各项中,不能通过资产负债表了解的会计信息是( )。

   A. 企业流动资产总额及其构成

   B. 企业资金的来源渠道和构成

   C. 企业所掌握的经济资源及其分布情况

   D. 企业在一定期间内现金的流入和流出的信息及现金增减变动的原因

9. 企业年度会计报表的保管期限为( )。

   A. 5 年　　　　　　　　　　　　　B. 永久保管

   C. 15 年　　　　　　　　　　　　　D. 25 年

10. 资产负债表的下列项目中,需要根据几个总账账户的期末余额汇总填列的是( )。

    A. "长期股权投资"项目　　　　　　B. "预计负债"项目

    C. "货币资金"项目　　　　　　　　D. "实收资本"项目

11. 下列各项中,属于资产负债表中"流动资产"项目的是( )。

    A. "交易性金融资产"项目　　　　　B. "其他债权投资"项目

    C. "生产性生物资产"项目　　　　　D. "债权投资"项目

12. 依据我国《企业会计准则》的要求,利润表采用的格式为( )。

    A. 单步报告式　　　　　　　　　　B. 多步报告式

    C. 账户式　　　　　　　　　　　　D. 混合式

13. 按照会计报表反映的经济内容分类,资产负债表属于( )。

    A. 财务状况报表　　　　　　　　　B. 经济成果报表

    C. 对外报表　　　　　　　　　　　D. 月报表

14. 现金流量表反映的是企业( )。

    A. 在某一特定日期的财务状况

    B. 在一定会计期间的经营成果

    C. 在一定会计期间的现金及现金等价物流入和流出

    D. 所有者权益(或股东权益)各组成部分当期增减变动情况

15. 资产负债表中的"存货"项目,应根据( )。

    A. "存货"账户的期末借方余额直接填列

    B. "原材料"账户的期末借方余额直接填列

    C. "原材料""生产成本"和"库存商品"等账户的期末借方余额之和再加或减相关"成本差异"及"跌价准备"账户后进行填列

D. "原材料""在产品"和"库存商品"等账户的期末借方余额之和填列

16. 填列资产负债表"期末余额"栏各个项目时,下列说法中正确的是(　　)。

A. 主要是根据有关账户的期末余额记录填列

B. 主要是根据有关账户的本期发生额记录填列

C. 大多数项目根据有关账户的期末余额记录填列,少数项目则根据发生额记录填列

D. 少数项目根据有关账户的期末余额记录填列,大多数项目则根据发生额记录填列

任务二　多项选择题

练习要求:根据题意,选择正确答案(每小题备选答案中,有两个或两个以上符合题意的正确答案)。

1. 下列各项中,不属于资产负债表中"非流动资产"项目的有(　　)。

A. "应收账款"项目　　　　　　　　B. "存货"项目

C. "交易性金融资产"项目　　　　　D. "在建工程"项目

2. 现金及现金等价物主要包括的内容有(　　)。

A. 库存现金　　　　　　　　　　　B. 银行存款

C. 其他货币资金　　　　　　　　　D. 现金等价物

3. 在利润表中,应列入"税金及附加"项目中的税金有(　　)。

A. 增值税　　　　　　　　　　　　B. 消费税

C. 城市维护建设税　　　　　　　　D. 资源税

4. 企业的下列报表中,属于对外会计报表的有(　　)。

A. 资产负债表　　　　　　　　　　B. 利润表

C. 所有者权益变动表　　　　　　　D. 制造成本表

5. 下列各项中,属于资产负债表中"流动资产"项目的有(　　)。

A. "货币资金"项目　　　　　　　　B. "预付款项"项目

C. "应收账款"项目　　　　　　　　D. "投资性房地产"项目

6. 利润表提供的信息包括(　　)。

A. 企业的财务状况　　　　　　　　B. 发生的营业成本

C. 资产减值损失　　　　　　　　　D. 利润或亏损总额

7. 构成营业利润的要素主要包括(　　)。

A. 营业收入　　　　　　　　　　　B. 营业成本

C. 税金及附加　　　　　　　　　　D. 销售费用

8. 资产负债表是反映企业在一定时期内的(　　)情况的报表。

A. 资产　　　　B. 负债　　　　C. 所有者权益　　　　D. 收入

9. 企业的财务会计报告分为(　　)财务会计报告。
A. 年度　　　　B. 半年度　　　　C. 季度　　　　D. 月度
10. 按照所反映的经济内容不同,会计报表可分为(　　)。
A. 反映财务状况的报表　　　　B. 反映经营成果的报表
C. 个别会计报表　　　　D. 合并会计报表

任务三　不定项选择题

练习要求:根据题意,选择正确答案(每小题备选答案中,有一个或一个以上符合题意的正确答案)。

1. 会计报表编制的依据是(　　)。
A. 原始凭证　　B. 记账凭证　　C. 科目汇总表　　D. 会计账簿记录
2. 下列各项中,属于中期财务会计报告的有(　　)。
A. 月度财务会计报告　　　　B. 季度财务会计报告
C. 半年度财务会计报告　　　　D. 年度财务会计报告
3. 财务会计报告的使用者包括(　　)。
A. 投资人　　　　B. 债权人
C. 企业管理者　　　　D. 上级主管机关
4. 资产负债表"期末余额"栏的编制依据为(　　)。
A. 有关账户的期末余额　　　　B. 有关账户的本期借方发生额
C. 有关账户的期初余额　　　　D. 有关账户的本期贷方发生额
5. 下列项目中,不应在资产负债表"存货"项目下反映的是(　　)。
A. 生产成本　　B. 发出商品　　C. 工程物资　　D. 库存商品
6. 资产负债表"期末余额"栏的数据,可以根据(　　)。
A. 总账余额直接填列　　　　B. 总账余额计算填列
C. 记账凭证直接填列　　　　D. 明细账余额计算填列
7. 下列各项中,应在资产负债表"预付款项"项目中反映的有(　　)。
A. "应付账款"明细科目的借方余额　　B. "应付账款"明细科目的贷方余额
C. "预付账款"明细科目的借方余额　　D. "预付账款"明细科目的贷方余额
8. "应收账款"账户所属明细科目如有贷方余额,应在资产负债表的(　　)项目中反映。
A. "预付款项"　　B. "预收款项"　　C. "应收账款"　　D. "应付账款"
9. 资产负债表的"所有者权益"项目中,不包括(　　)。
A. 实收资本　　B. 本年利润　　C. 盈余公积　　D. 未分配利润

10. 下列各项中,列示在资产负债表右方的有(　　)。
    A. 非流动资产　　B. 非流动负债　　C. 流动负债　　D. 所有者权益
11. 目前我国利润表的格式一般为(　　)。
    A. 单步式　　　　B. 多步式　　　　C. 报告式　　　D. 余额式
12. 下列各项中,不会影响营业利润金额增减的是(　　)。
    A. 其他业务成本　B. 财务费用　　　C. 其他业务收入　D. 营业外收入
13. 下列各项中,不会影响利润总额增减变化的是(　　)。
    A. 销售费用　　　B. 管理费用　　　C. 所得税费用　　D. 营业外支出
14. 某公司2×23年12月编制的利润表中"本期金额"栏反映(　　)。
    A. 2×23年12月31日利润或亏损的形成情况
    B. 2×23年1月至12月累计利润或亏损的形成情况
    C. 2×23年12月份利润或亏损的形成情况
    D. 2×23年第四季度利润或亏损的形成情况
15. 利润表"本期金额"栏的编制依据是(　　)。
    A. 有关账户的期初余额　　　　　B. 有关账户的期末余额
    C. 有关账户的本期发生额　　　　D. 本月数与上月"本年累计数"之和
16. 下列有关附注的说法中,不正确的是(　　)。
    A. 附注不属于财务会计报表的组成部分
    B. 附注是对在会计报表中列示项目的描述或明细资料
    C. 附注是对未能在会计报表中列示项目的说明
    D. 附注是财务会计报告的组成部分
17. 企业财务会计报告主要包括(　　)和附注。
    A. 资产负债表　　　　　　　　　B. 利润表
    C. 现金流量表　　　　　　　　　D. 所有者权益变动表
18. 下列各项中,反映企业在一定会计期间经营成果的会计报表是(　　)。
    A. 资产负债表　　　　　　　　　B. 利润表
    C. 现金流量表　　　　　　　　　D. 所有者权益变动表
19. 利润表中的"营业收入"项目填列依据是(　　)。
    A. "主营业务收入"账户发生额　　B. "本年利润"账户发生额
    C. "其他业务收入"账户发生额　　D. "营业外收入"账户发生额
20. 利润表中的"营业成本"项目填列依据是(　　)。
    A. "营业外支出"账户发生额　　　B. "主要业务成本"账户发生额
    C. "其他业务成本"账户发生额　　D. "税金及附加"账户发生额

任务四　判断辨析题

练习要求：判断每小题的表述是否正确(正确打"√",错误打"×",并在辨析处写出正确答案)。

1. 编制财务会计报告主要就是为财务会计报告使用者决策提供信息。　　(　　)
  辨析：

2. 向不同的会计信息使用者提供财务会计报告,其编制依据应当一致。　　(　　)
  辨析：

3. 在实际工作中,为使会计报表及时报送,企业可以提前结账。　　(　　)
  辨析：

4. 中期财务会计报告是指以一年的中间日为资产负债表日编制的会计报表。　　(　　)
  辨析：

5. 资产负债表是反映在某一时期企业财务状况的会计报表。　　(　　)
  辨析：

6. 资产负债表中的"流动资产"各项目是按照资产的流动性由弱到强排列的。　　(　　)
  辨析：

7. 在资产负债表中,"固定资产"项目应根据"固定资产"总账余额直接填列。　　(　　)
  辨析：

8. "预付账款"所属各明细科目期末有贷方余额的,应在资产负债表"应付账款"项目内填列。　　(　　)
  辨析：

9. "工程物资"项目包括在资产负债表中的"存货"项目中。　　(　　)
  辨析：

10. "短期借款"项目应根据"短期借款"总账余额直接填列。　　(　　)
  辨析：

11. "长期借款"项目,根据"长期借款"总账余额直接填列。　　　　　　　　(　　)

辨析:

12. 利润表的格式主要有多步式利润表和单步式利润表两种,我国企业采用的是多步式利润表格式。　　　　　　　　　　　　　　　　　　　　　　　　(　　)

辨析:

13. 利润表中"税金及附加"项目不包括增值税。　　　　　　　　　　　(　　)

辨析:

14. 一套完整的财务会计报告至少应当包括资产负债表、利润表、现金流量表、所有者权益变动表和附注。　　　　　　　　　　　　　　　　　　　　　(　　)

辨析:

15. 附注主要包括两部分:一是会计报表中各会计要素的补充说明;二是对在会计报表中无法详细描述的其他财务信息的补充说明。　　　　　　　　　　　(　　)

辨析:

项目二　专业技能训练

任务一　资产负债表的编制

【实验目的】

学生通过该实验掌握资产负债表的格式和内容,资产负债表的填制方法和要求,能够根据既定或实际资料填制资产负债表。

资料:

1. 广山有限责任公司 2×23 年 6 月 30 日有关总分类账户的期末余额如表 8-1 所示。

表 8-1　　　　　　　　　　总分类账户期末余额表

2×23 年 6 月 30 日　　　　　　　　　　　　　　　　　　单位:元

账户名称	借方余额	贷方余额	账户名称	借方余额	贷方余额
库存现金	3 500		短期借款		250 000
银行存款	810 000		应付票据		26 000

(续表)

账户名称	借方余额	贷方余额	账户名称	借方余额	贷方余额
其他货币资金	95 000		应付股利		56 000
应收票据	20 000		应付账款		61 000
应收账款	77 000		预收账款		36 000
坏账准备		2 000	应交税费		15 000
预付账款	36 100		应付职工薪酬		18 000
其他应收款	8 500		长期借款		650 000
原材料	825 600				
库存商品	193 200		实收资本		1 780 000
生产成本	215 000		资本公积		28 000
在建工程	98 000		盈余公积		66 600
固定资产	708 000		利润分配		166 000
累计折旧		83 300			
无形资产	148 000				
合计	3 237 900	85 300	合计		3 152 600

2. 长期借款中有 250 000 元一年内到期。

要求：

1. 根据上述资料填制广山有限责任公司 2×23 年 6 月 30 日资产负债表"期末余额"栏，如表 8-2 所示。

表 8-2　　　　　　　　　　　　　资　产　负　债　表　　　　　　　　　　会企 01 表

编制单位：　　　　　　　　　　　　　　年　月　日　　　　　　　　　　　　单位：元

资产	期末余额	上年年末余额	负债和所有者权益（或股东权益）	期末余额	上年年末余额
流动资产：			流动负债：		
货币资金		860 000	短期借款		267 600
交易性金融资产			交易性金融负债		
应收票据		15 000	应付票据		25 000
应收账款		80 000	应付账款		56 000
预付款项		30 000	预收款项		39 800

(续表)

资产	期末余额	上年年末余额	负债和所有者权益（或股东权益）	期末余额	上年年末余额
其他应收款		9 000	应付职工薪酬		19 900
存货		1 220 900	应交税费		14 800
一年内到期的非流动资产			其他应付款		52 500
其他流动资产			一年内到期的非流动负债		
流动资产合计		2 214 900	其他流动负债		
非流动资产：			流动负债合计		475 600
债权投资			非流动负债：		
其他债权投资			长期借款		650 000
长期应收款			应付债券		
长期股权投资			长期应付款		
其他权益工具投资			专项应付款		
其他非流动金融资产			预计负债		
投资性房地产			递延所得税负债		
固定资产		668 600	其他非流动负债		
在建工程		66 000	非流动负债合计		650 000
生产性生物资产			负债合计		1 125 600
油气资产			所有者权益（或股东权益）：		
无形资产		130 000	实收资本（或股本）		1 780 000
开发支出			资本公积		21 000
商誉			减：库存股		
长期待摊费用			盈余公积		70 000
递延所得税资产			未分配利润		72 900
其他非流动资产			所有者权益（股东权益）合计		1 943 900
非流动资产合计		854 600			
资产总计		3 069 500	负债和所有者权益（或股东权益）总计		3 069 500

2. 对下列项目列出计算过程。

"货币资金"项目期末余额＝

"应收账款"项目期末余额＝

"存货"项目期末余额＝

"固定资产"项目期末余额＝

"长期借款"项目期末余额＝

任务二 利润表的编制

【实验目的】

学生通过该实验掌握利润表的格式和内容,利润表的填制方法和要求,能够根据既定或实际资料填制利润表。

资料:

1. 广山有限责任公司 2×22 年度简化利润表如表 8-3 所示。

表 8-3   利润表   会企02表
编制单位:广山有限责任公司   2×22年度   单位:元

项 目	本期金额	上期金额
一、营业收入	3 000 000	(略)
减:营业成本	1 990 000	
税金及附加	18 000	
销售费用	120 000	
管理费用	250 000	
研发费用		
财务费用	6 000	
加:其他收益		
投资收益(损失以"－"号填列)	80 000	
净敞口套期收益(损失以"－"号填列)		
公允价值变动收益(损失以"－"号填列)		

(续表)

项　目	本期金额	上期金额
信用减值损失（损失以"—"号填列）		
资产减值损失（损失以"—"号填列）		
资产处置收益（损失以"—"号填列）		
二、营业利润（亏损以"—"号填列）	696 000	
加：营业外收入	100 000	
减：营业外支出	9 000	
三、利润总额（亏损总额以"—"号填列）	787 000	
减：所得税费用	196 750	
四、净利润（净亏损以"—"号填列）	590 250	
五、其他综合收益的税后净额		
六、综合收益总额		
七、每股收益		

2. 广山有限责任公司2×23年12月有关损益类账户发生额和1月至11月累计数如表8-4所示。

表8-4　　　　　　　　　　　　损益类账户发生额

科目名称	借方发生额	贷方发生额	1至11月累计数
主营业务收入		355 000	1 800 000
其他业务收入		15 000	50 000
投资收益		56 200	169 000
营业外收入		118 000	66 000
主营业务成本	155 000		1 150 000
其他业务成本	9 200		30 000
税金及附加	2 500		18 000
销售费用	16 500		145 000
管理费用	31 600		272 000
财务费用	600		16 000
营业外支出	85 000		13 000
所得税费用	60 950		110 250

要求：根据上述资料填制广山有限责任公司2×23年的利润表（表8-5）。

表 8-5　　　　　　　　　　　　　利 润 表　　　　　　　　　　会企 02 表

编制单位：　　　　　　　　　　　　年度　　　　　　　　　　　　　单位：元

项　目	本期金额	上期金额
一、营业收入		
减：营业成本		
税金及附加		
销售费用		
管理费用		
研发费用		
财务费用		
加：其他收益		
投资收益（损失以"－"号填列）		
净敞口套期收益（损失以"－"号填列）		
公允价值变动收益（损失以"－"号填列）		
信用减值损失（损失以"－"号填列）		
资产减值损失（损失以"－"号填列）		
资产处置收益（损失以"－"号填列）		
二、营业利润（亏损以"－"号填列）		
加：营业外收入		
减：营业外支出		
三、利润总额（亏损总额以"－"号填列）		
减：所得税费用		
四、净利润（净亏损以"－"号填列）		
五、其他综合收益的税后净额		
六、综合收益总额		
七、每股收益		

项目三　案例分析

任务一　岗位案例

衡信公司成立后的最初几年一直是一个小型企业，其会计核算一直执行小企业会计制度。由于公司经营规模不断扩大,达到一般企业标准,企业于2×14年起开始执行新的企业会计准则。在2×23年度财务会计报告的审计过程中,注册会计师张宏发现衡信公司仅仅编制了资产负债表和利润表,没有编制现金流量表、所有者权益变动表和附注。张宏建议衡信公司按照会计规范补充、完善财务会计报告,但衡信公司的财务人员认为,公司以往都只编制资产负债表和利润表,而且,公司领导层也没有要求编制附注和现金流量表,所以,没有必要增加报表附注和现金流量表。

问题:衡信公司财务人员的想法是否正确?为什么?

任务二 综合案例

某公司2×23年7月31日借账后,有关账户的期末余额如下:

1. "库存现金"账户借方余额800元。
2. "银行存款"账户借方余额600 000元。
3. "应收票据"账户借方余额100 000元。
4. "固定资产"账户借方余额9 000 000元。
5. "在途物资"账户借方余额10 000元。
6. "无形资产"账户借方余额500 000元。
7. "库存商品"账户借方余额50 000元。
8. "利润分配"账户借方余额400 000元。
9. "原材料"账户借方余额40 000元。
10. "生产成本"账户借方余额20 000元。
11. "本年利润"账户贷方余额600 000元。
12. "累计折旧"账户贷方余额3 000 000元。
13. "盈余公积"账户贷方余额100 000元。
14. "应付账款"账户的贷方余额500 000元,其中:甲公司明细账的贷方余额200 000元,乙公司明细账的借方余额100 000元,丙公司明细账的贷方余额400 000元。

要求:根据以上资料,回答以下5个问题。

1. 该公司在编制资产负债表时,"货币资金"项目应填列的金额为( )元。
   A. 800　　　　　B. 600 800　　　　C. 700 000　　　　D. 700 800
2. 该公司在编制资产负债表时,"存货"项目应填列的金额为( )元。
   A. 90 000　　　B. 100 800　　　　C. 110 000　　　　D. 120 000
3. 该公司在编制资产负债表时,"固定资产"项目应填列的金额为( )元。
   A. 5 500 000　　B. 6 000 000　　　C. 6 500 000　　　D. 9 000 000

4. 该公司在编制资产负债表时,"未分配利润"项目应填列的金额为(　　)元。
   A. 100 000   B. 200 000   C. 300 000   D. 500 000
5. 该公司在编制资产负债表时,"应付账款"项目应填列的金额为(　　)元。
   A. 400 000   B. 500 000   C. 600 000   D. 700 000

任务三　思政案例

1. 美国证券交易委员会(以下简称"SEC")于2010年8月27日以会计欺诈为由起诉戴尔公司前助理审计员兰德尔·因霍夫(Randall Imhoff)和前首席会计师罗伯特·戴维斯(Robert Davis)。

SEC在起诉书中表示,因霍夫和戴维斯都参与了戴尔公司的"不当会计行为",从而导致戴尔公司重新发布2003—2006年的财务业绩。戴尔公司于2010年7月22日同意支付1亿美元与SEC达成和解,并让戴尔公司创始人迈克尔·戴尔(Michael Dell)继续留任CEO一职。

SEC表示,戴尔公司的欺诈和不当会计行为造成了这样一个假象:戴尔公司一直能够达到华尔街的盈利预期,营业费用在收入中的占比也在不断降低。戴尔公司这些违反会计原则的行为都是通过其最高级的前会计高管实施的。因霍夫和戴维斯多次利用所谓的"饼干罐"(cookie jar)储备来弥补盈利差额,这种人为操纵会计账目的行为歪曲了戴尔公司的财务状况,并导致戴尔公司的季报和年报偏离事实。

问题:SEC起诉戴尔公司前助理审计员和前首席会计师给我们什么启示?

模块九　会计核算组织程序

项目一　基础知识积累

任务一　单项选择题

模块九
习题答案

练习要求:根据题意,选择正确答案(每小题备选答案中,只有一个正确答案)。

1. 记账凭证核算组织程序下登记总分类账的依据是(　　)。
   A. 记账凭证　　　　　　　　　B. 日记账
   C. 报表　　　　　　　　　　　D. 原始凭证
2. 在下列核算组织程序中,被称为最基本的会计核算组织程序的是(　　)。
   A. 记账凭证核算组织程序　　　B. 汇总记账凭证核算组织程序
   C. 科目汇总表核算组织程序　　D. 日记总账核算组织程序
3. 科目汇总表的基本编制方法是(　　)。
   A. 按照不同会计科目进行归类定期汇总
   B. 按照相同会计科目进行归类定期汇总
   C. 按照借方会计科目进行归类定期汇总
   D. 按照贷方会计科目进行归类定期汇总
4. 科目汇总表核算组织程序的特点是(　　)。
   A. 根据各种记账凭证直接登记总分类账　B. 根据科目汇总表登记总分类账
   C. 根据汇总记账凭证登记总分类账　　　D. 根据科目汇总表登记明细分类账
5. 汇总收款凭证是按(　　)。
   A. 收款凭证上的借方科目定期汇总的　　B. 收款凭证上的贷方科目定期汇总的
   C. 付款凭证上的借方科目定期汇总的　　D. 付款凭证上的贷方科目定期汇总的
6. 汇总付款凭证是按(　　)。
   A. 收款凭证上的借方科目定期汇总的　　B. 收款凭证上的贷方科目定期汇总的

C. 付款凭证上的借方科目定期汇总的　　D. 付款凭证上的贷方科目定期汇总的

7. 汇总转账凭证是按(　　)。

A. 收款凭证上的贷方科目设置的　　B. 付款凭证上的贷方科目设置的

C. 转账凭证上的贷方科目设置的　　D. 转账凭证上的借方科目设置的

8. 所有核算组织程序在做法上的相同点是(　　)。

A. 根据各种记账凭证直接逐笔登记总分类账

B. 根据各种记账凭证直接逐笔登记日记总账

C. 根据各种记账凭证直接逐笔登记明细分类账

D. 根据各种记账凭证上的记录编制会计报表

任务二　多项选择题

练习要求：根据题意，选择正确答案(每小题备选答案中，有两个或两个以上符合题意的正确答案)。

1. 会计循环的主要环节有(　　)。

A. 设置账户　　　　　　　　　B. 填制会计凭证

C. 成本计算　　　　　　　　　D. 登记账簿

2. 为便于编制汇总收款凭证，日常编制收款凭证时，分录形式最好为(　　)。

A. 一借一贷　　B. 一借多贷　　C. 多借一贷　　D. 多借多贷

3. 为便于汇总转账凭证的编制，日常编制转账凭证时，分录形式最好为(　　)。

A. 一借一贷　　B. 一借多贷　　C. 一贷多借　　D. 多借多贷

4. 在会计循环中，属于会计主体日常会计核算工作内容的有(　　)。

A. 根据原始凭证填制记账凭证　　B. 做好往来款项的核算

C. 根据编制的记账凭证登记分类账　　D. 根据分类账记录编制结账前试算表

5. 在会计循环中，属于会计主体期末会计核算工作内容的有(　　)。

A. 编制盈利预测　　　　　　　B. 编制调整分录并予以过账

C. 编制结账后试算表　　　　　D. 编制结账分录并登记入账

任务三　不定项选择题

练习要求：根据题意，选择正确答案(每小题备选答案中，有一个或一个以上符合题意的正确答案)。

1. 记账凭证账务处理程序与科目汇总表账务处理程序的区别是(　　)。

A. 原始凭证的种类不同　　　　B. 记账凭证的种类不同

C. 明细账簿的记账依据不同　　　　　D. 总账的记账依据不同

2. 在科目汇总表中,需要计算出每一个总分类账户的(　　)。

A. 期初余额　　　　　　　　　　　B. 本期借方发生额

C. 本期贷方发生额　　　　　　　　D. 期末余额

3. 汇总记账凭证账务处理程序适用于(　　)企业。

A. 规模较小,业务量较少　　　　　B. 规模较小,业务量较多

C. 规模较大,业务量较少　　　　　D. 规模较大,业务量较多

4. 记账凭证账务处理程序的优点有(　　)。

A. 登记方法简单,易于掌握　　　　B. 能够清晰地反映账户之间的对应关系

C. 可以大大减轻登记总分类账的工作量　D. 预留账页多少难以把握

5. 科目汇总表账务处理程序和汇总记账凭证账务处理程序的相同点有(　　)。

A. 登记总账的依据相同　　　　　　B. 都减轻了登记总账的工作量

C. 都需要账账核对　　　　　　　　D. 编制报表的依据相同

6. 科目汇总表账务处理程序下登记总账的依据是(　　)。

A. 记账凭证　　　　　　　　　　　B. 科目汇总表

C. 汇总记账凭证　　　　　　　　　D. 多栏式日记账

7. 在记账凭证账务处理程序下,登记总账的依据是(　　)。

A. 记账凭证　　　　　　　　　　　B. 科目汇总表

C. 汇总记账凭证　　　　　　　　　D. 多栏式日记账

8. 在汇总记账凭证账务处理程序下,登记总账的依据是(　　)。

A. 记账凭证　　　　　　　　　　　B. 科目汇总表

C. 汇总记账凭证　　　　　　　　　D. 多栏式日记账

9. 汇总记账凭证账务处理程序的优点有(　　)。

A. 登记方法简单,易于掌握

B. 能够清晰地反映账户之间的对应关系

C. 可以大大减轻登记总分类账的工作量

D. 对汇总过程中可能存在的错误难以发现

10. 科目汇总表账务处理程序的优点有(　　)。

A. 可以根据科目汇总表进行账户发生额的试算平衡

B. 能够清晰地反映账户之间的对应关系

C. 可以大大减轻登记总分类账的工作量

D. 适用性比较强

任务四 判断辨析题

练习要求：判断每小题的表述是否正确。（正确打"√"，错误打"×"，并在辨析处写出正确答案）。

1. 采用科目汇总表账务处理程序，总分类账、明细账和日记账均应根据科目汇总表登记。（　　）

   辨析：

2. 无论何种账务处理程序，都需要将日记账、明细账分别与总账核对。（　　）

   辨析：

3. 记账凭证账务处理程序适用于经济业务较多的企业。（　　）

   辨析：

4. 记账凭证账务处理程序是最基本的一种账务处理程序。（　　）

   辨析：

5. 在不同的账务处理程序下，会计报表的编制依据都是相同的。（　　）

   辨析：

6. 采用科目汇总表账务处理程序，记账凭证必须使用收、付、转三种格式的专用记账凭证。（　　）

   辨析：

7. 汇总记账凭证账务处理程序的特点是直接根据每张记账凭证逐笔登记总分类账。（　　）

   辨析：

8. 记账凭证账务处理程序下，登记总分类账的工作量相对较小。（　　）

   辨析：

9. 科目汇总表账务处理程序适用性较强，大、中、小型会计主体都可以采用。（　　）

   辨析：

10. 汇总记账凭证账务处理程序下,无需编制记账凭证。　　　　　　　(   )

辨析:

项目二　专业技能训练

任务一　科目汇总表的填制

【实验目的】
学生通过该实验掌握科目汇总表的填制,根据记账凭证汇总填制科目汇总表的方法。

资料: 广山有限责任公司 2×23 年 12 月份 1~15 日发生的经济业务如下:

(1) 广山有限责任公司为一般纳税人,根据合同 12 月 1 日收到投资者嘉诚公司投入资金 500 000 元;A 材料 200 000 元;机床 300 000 元;专利 400 000 元。

借:

贷:

(2) 12 月 1 日,广山有限责任公司从银行取得为期 2 年的借款 250 000 元,年利率为 4.8%。款项已存入银行。利息按月确认,到期还本付息。

借:

贷:

(3) 12 月 1 日,广山有限责任公司从银行取得为期 6 个月的借款 150 000 元,年利率为 3%。款项已存入银行。利息按月确认,按季支付,到期还本。

借:

贷:

(4) 12月2日,广山有限责任公司从兴华公司购进A材料500件,单价为150元,计75 000元;增值税税率为13%,增值税税额为9 750元,价税合计84 750元。A材料尚未入库,价税款均暂欠。

借:

贷:

(5) 12月6日,广山有限责任公司从兴华公司购进的上述A材料运抵企业,验收入库。

借:

贷:

(6) 12月10日,广山有限责任公司以转账方式支付本月6日所欠兴华公司材料价税款84 750元。

借:

贷:

(7) 12月12日,广山有限责任公司从海华公司购进B材料450件,单价为180元,计81 000元;购进C材料350件,单价为260元,计91 000元;增值税税率为13%,增值税税额为22 360元。两种材料尚未运抵企业,价税款合计194 360元,用转账支票支付。

借:

贷:

(8) 12月13日,本月15日从海华公司购进的B材料和C材料运抵企业,验收入库。

借:

贷:

(9) 12月15日,广山有限责任公司从光华公司购进D材料400件,单价为210元,计84 000元;增值税税率为13%,增值税税额为10 920元;价税合计94 920元,价税款暂欠。用银行存款支付运费1 000元,运费的增值税税率为9%,增值税税额为90元。材料已验收入库。

借:

贷:

要求:
1. 根据资料编制会计分录,并注明记账凭证的种类和号数。
2. 填制科目汇总表如表9-1所示。

表9-1　　　　　　　　　　　　　科目汇总表

年　月　日　　　　　　　　　　　　　　　　字第　号

会计科目	总账页数	本期发生额		记账凭证起讫号数
		借方	贷方	

会计主管:　　　记账:　　　复核:　　　出纳:　　　制证:

任务二 汇总记账凭证的填制

【实验目的】

学生通过该实验掌握汇总记账凭证的填制,根据记账凭证汇总填制汇总记账凭证的方法。

资料: 广山有限责任公司 2×23 年 12 月份 1～15 日发生的经济业务如下:

(1) 广山有限责任公司为一般纳税人,根据合同 12 月 1 日收到投资者嘉诚公司投入资金 500 000 元;A 材料 200 000 元;机床 300 000 元;专利 400 000 元。

借:

贷:

(2) 12 月 1 日,广山有限责任公司从银行取得为期 2 年的借款 250 000 元,年利率为 4.8%。款项已存入银行。利息按月确认,到期还本付息。

借:

贷:

(3) 12 月 1 日,广山有限责任公司从银行取得为期 6 个月的借款 150 000 元,年利率为 3%。款项已存入银行。利息按月确认,按季支付,到期还本。

借:

贷:

(4) 12 月 2 日,广山有限责任公司从兴华公司购进 A 材料 500 件,单价为 150 元,计 75 000 元。增值税税率为 13%,增值税税额为 9 750 元,价税合计 84 750 元。A 材料尚未入库,价税款均暂欠。

借：

贷：

(5) 12月6日，广山有限责任公司从兴华公司购进的上述A材料运抵企业，验收入库。

借：

贷：

(6) 12月10日，广山有限责任公司以转账方式支付本月6日所欠兴华公司材料价税款84 750元。

借：

贷：

(7) 12月12日，广山有限责任公司从海华公司购进B材料450件，单价为180元，计81 000元；购进C材料350件，单价为260元，计91 000元。增值税税率为13%，增值税税额为22 360元。两种材料尚未运抵企业，价税款合计194 360元，用转账支票支付。

借：

贷：

(8) 12月13日，本月15日从海华公司购进的B材料和C材料运抵企业，验收入库。

借：

贷：

(9) 12月15日,广山有限责任公司从光华公司购进D材料400件,单价为210元,计84 000元;增值税税率为13%,增值税税额为10 920元;价税合计94 920元,价税款暂欠。用银行存款支付运费1 000元,运费的增值税税率为9%,增值税税额为90元。材料已验收入库。

借：

贷：

要求：
1. 根据资料编制会计分录,并注明记账凭证的种类和号数。
2. 根据审核无误的会计分录编制汇总记账凭证。
(1) 依据收款、付款和转账凭证(会计分录)编制汇总会计分录。
汇总收款凭证第01号：

借：

贷：

汇总付款凭证第01号：

借：

贷：

汇总转账凭证第01号：

借：

贷：

汇总转账凭证第02号：

借：

　　贷：

汇总转账凭证第 03 号：

借：

　　贷：

（2）编制汇总记账凭证如表 9-2 至表 9-6 所示。

表 9-2　　　　　　　　　　　　　　汇总收款凭证

借方科目：　　　　　　　　　　　　年　月　　　　　　　　　　　　字第　号

贷方科目	金　额				总账页数		记账凭证起讫号
	1 至 10 日	11 至 20 日	21 至 31 日	合计	借方	贷方	
合　计							

会计主管：　　　　记账：　　　　复核：　　　　出纳：　　　　制证：

表 9-3　　　　　　　　　　　　　　汇总付款凭证

贷方科目：　　　　　　　　　　　　年　月　　　　　　　　　　　　字第　号

借方科目	金　额				总账页数		记账凭证起讫号
	1 至 10 日	11 至 20 日	21 至 31 日	合计	借方	贷方	
合　计							

会计主管：　　　　记账：　　　　复核：　　　　出纳：　　　　制证：

表 9-4　　　　　　　　　　　　　汇总转账凭证

贷方科目：　　　　　　　　　　　年　月　　　　　　　　　　　　字　第　号

借方科目	金　额				总账页数		记账凭证起讫号
	1至10日	11至20日	21至31日	合计	借方	贷方	
合　计							

会计主管：　　　　记账：　　　　复核：　　　　出纳：　　　　制证：

表 9-5　　　　　　　　　　　　　汇总转账凭证

贷方科目：　　　　　　　　　　　年　月　　　　　　　　　　　　字　第　号

借方科目	金　额				总账页数		记账凭证起讫号
	1至10日	11至20日	21至31日	合计	借方	贷方	
合　计							

会计主管：　　　　记账：　　　　复核：　　　　出纳：　　　　制证：

表 9-6　　　　　　　　　　　　　汇总转账凭证

贷方科目：　　　　　　　　　　　年　月　　　　　　　　　　　　字　第　号

借方科目	金　额				总账页数		记账凭证起讫号
	1至10日	11至20日	21至31日	合计	借方	贷方	
合　计							

会计主管：　　　　记账：　　　　复核：　　　　出纳：　　　　制证：

任务三　科目汇总表账务处理程序

【实验目的】

学生通过该实验掌握科目汇总表账务处理程序下会计凭证的设置、会计账簿的组织及记账程序的基本内容和操作程序和方法。

资料：

1. 2×23 年初广山有限责任公司总分类账户余额如表 9-7 所示。

表 9-7　　　　　　　　　　　总分类账户余额表　　　　　　　　　　　单位：元

总账科目	明细科目	期初余额 借方	期初余额 贷方
库存现金		200	
银行存款		945	
应收账款		20 000	
	永胜公司	20 000	
原材料		11 650	
	A 材料	9 000	
	B 材料	2 650	
库存商品		53 900	
	甲产品	53 900	
固定资产		321 870	
	房屋及建筑物	200 000	
	机器设备	121 870	
累计折旧			48 135
	房屋及建筑物		31 000
	机器设备		17 135
应付职工薪酬			51 670
	工资		51 670
应交税费			10 000
	应交增值税		10 000
实收资本			250 000
	张华		250 000

(续表)

总账科目	明细科目	期初余额	
		借方	贷方
盈余公积			18 760
	法定盈余公积		18 760
利润分配			30 000
	未分配利润		30 000
合 计		408 565	408 565

说明:"原材料——A 材料"账户期初余额 9 000 元,其中:数量为 100 吨,单价为 90 元;

"原材料——B 材料"账户期初余额 2 650 元,其中:数量为 53 吨,单价为 50 元;

"库存商品——甲产品"账户期初余额 53 900 元,其中:数量为 50 台,单位成本为 1 078 元。

2. 广山有限责任公司 2×23 年 1 月发生如下经济业务:

(1) 1 日,收到投资者甬港公司的投资款 500 000 元,已存入银行。

(2) 5 日,收到大洋公司投入的一套无需安装的机器设备,价值 50 000 元。

(3) 9 日,从古龙公司购进 A 材料 1 000 吨,单价为 100 元,增值税专用发票注明价款 100 000 元,增值税税额为 13 000 元。开出一张转账支票支付,材料已验收入库,增值税专用发票已经税务局认证。

(4) 10 日,从银行提取备用金 1 500 元。

(5) 13 日,向中国工商银行借入短期借款 20 000 元,存入公司开户行。

(6) 15 日,在北方公司制作广告霓虹灯,发生费用 5 000 元,尚未支付。

(7) 18 日,以现金购买办公用品 550 元供行政部门使用。

(8) 20 日,预付给南风报明年上半年的报刊费 600 元,以现金付讫。

(9) 25 日,向光明公司赊销甲产品 40 台,每台为 1 125 元,增值税专用发票注明价款 45 000 元,增值税税额为 5 850 元。

(10) 28 日,通过银行转账支付本月公司的水费 3 000 元、电费 3 500 元。

(11) 30 日,收到转账支票一张,金额为 50 850 元,系光明公司前欠的货款,已到银行办妥入账手续。

(12) 31 日,结转已销产品成本 20 000 元。

(13) 31 日,结转本期收入。

(14) 31 日,结转本期费用。

(15) 31 日,计提并结转所得税费用。

要求:

1. 根据经济业务编制记账凭证(分五类编号),如表 9-8 至表 9-23 所示。

表 9-8　　　　　　　　　　　　　　　　收款凭证

借方科目：　　　　　　　　　　　年　月　日　　　　　　　　　　　　　　字第　号

摘要	贷方科目		金额	记账
	总账科目	明细细目	百 十 万 千 百 十 元 角 分	√
附单据　张	合　计			

会计主管：　　　　记账：　　　　出纳：　　　　复核：　　　　制单：

表 9-9　　　　　　　　　　　　　　　　转账凭证

年　月　日　　　　　　　　　　　　　　字第　号

摘要	总账科目	明细科目	借方金额	贷方金额	记账
			十 万 千 百 十 元 角 分	十 万 千 百 十 元 角 分	√
附单据　张	合计				

会计主管：　　　　记账：　　　　　　　　　　复核：　　　　制单：

表 9-10　　　　　　　　　　　　　　　　付款凭证

贷方科目：　　　　　　　　　　　年　月　日　　　　　　　　　　　　　　字第　号

摘要	借方科目		金额	记账
	总账科目	明细细目	百 十 万 千 百 十 元 角 分	√
附单据　张	合　计			

会计主管：　　　　记账：　　　　出纳：　　　　复核：　　　　制单：

表 9-11　　　　　　　　　　　　　付款凭证

贷方科目：　　　　　　　　　　　年　月　日　　　　　　　　　　　字第　号

摘要	借方科目		金额									记账√
	总账科目	明细细目	百	十	万	千	百	十	元	角	分	
附单据　张	合　计											

会计主管：　　　　记账：　　　　出纳：　　　　复核：　　　　制单：

表 9-12　　　　　　　　　　　　　收款凭证

借方科目：　　　　　　　　　　　年　月　日　　　　　　　　　　　字第　号

摘要	贷方科目		金额									记账√
	总账科目	明细细目	百	十	万	千	百	十	元	角	分	
附单据　张	合　计											

会计主管：　　　　记账：　　　　出纳：　　　　复核：　　　　制单：

表 9-13　　　　　　　　　　　　　转账凭证

　　　　　　　　　　　　　　　　年　月　日　　　　　　　　　　　字第　号

摘　要	总账科目	明细科目	借方金额									贷方金额									记账√
			十	万	千	百	十	元	角	分		十	万	千	百	十	元	角	分		
附单据　张	合计																				

会计主管：　　　　记账：　　　　复核：　　　　制单：

表 9-14　　　　　　　　　　　　　　　付款凭证

贷方科目：　　　　　　　　　　　　年　月　日　　　　　　　　　　　　　　字第　号

摘要	借方科目		金额									记账√
	总账科目	明细细目	百	十	万	千	百	十	元	角	分	
附单据　张	合　计											

会计主管：　　　　　记账：　　　　　出纳：　　　　　复核：　　　　　制单：

表 9-15　　　　　　　　　　　　　　　付款凭证

贷方科目：　　　　　　　　　　　　年　月　日　　　　　　　　　　　　　　字第　号

摘要	借方科目		金额									记账√
	总账科目	明细细目	百	十	万	千	百	十	元	角	分	
附单据　张	合　计											

会计主管：　　　　　记账：　　　　　出纳：　　　　　复核：　　　　　制单：

表 9-16　　　　　　　　　　　　　　　转账凭证

　　　　　　　　　　　　　　　　　　年　月　日　　　　　　　　　　　　　　字第　号

摘要	总账科目	明细科目	借方金额								贷方金额								记账√
			十	万	千	百	十	元	角	分	十	万	千	百	十	元	角	分	
附单据　张	合计																		

会计主管：　　　　　记账：　　　　　　　　　复核：　　　　　　　　　制单：

表 9-17　　　　　　　　　　　　　　付款凭证

贷方科目：　　　　　　　　　　　　　年　月　日　　　　　　　　　　　　　字第　号

摘要	借方科目		金额									记账√
	总账科目	明细细目	百	十	万	千	百	十	元	角	分	
附单据　　张	合　　计											

会计主管：　　　　　记账：　　　　　出纳：　　　　　复核：　　　　　制单：

表 9-18　　　　　　　　　　　　　　收款凭证

借方科目：　　　　　　　　　　　　　年　月　日　　　　　　　　　　　　　字第　号

摘要	贷方科目		金额									记账√
	总账科目	明细细目	百	十	万	千	百	十	元	角	分	
附单据　　张	合　　计											

会计主管：　　　　　记账：　　　　　出纳：　　　　　复核：　　　　　制单：

表 9-19　　　　　　　　　　　　　　转账凭证

　　　　　　　　　　　　　　　　　　年　月　日　　　　　　　　　　　　　字第　号

摘　要	总账科目	明细科目	借方金额								贷方金额								记账√
			十	万	千	百	十	元	角	分	十	万	千	百	十	元	角	分	
附单据　　张	合计																		

会计主管：　　　　　记账：　　　　　　　　　复核：　　　　　　　　制单：

表 9-20　　　　　　　　　　　　　　　　转账凭证

　　　　　　　　　　　　　　　　　年　月　日　　　　　　　　　　　　字第　号

摘　　要	总账科目	明细科目	借方金额									贷方金额									记账√
			十	万	千	百	十	元	角	分	十	万	千	百	十	元	角	分	
附单据　张	合计																		

会计主管：　　　　　　　记账：　　　　　　　复核：　　　　　　　制单：

表 9-21　　　　　　　　　　　　　　　　转账凭证

　　　　　　　　　　　　　　　　　年　月　日　　　　　　　　　　　　字第　号

摘　　要	总账科目	明细科目	借方金额									贷方金额									记账√
			十	万	千	百	十	元	角	分	十	万	千	百	十	元	角	分	
附单据　张	合计																		

会计主管：　　　　　　　记账：　　　　　　　复核：　　　　　　　制单：

表 9-22　　　　　　　　　　　　　　　　转账凭证

　　　　　　　　　　　　　　　　　年　月　日　　　　　　　　　　　　字第　号

摘　　要	总账科目	明细科目	借方金额									贷方金额									记账√
			十	万	千	百	十	元	角	分	十	万	千	百	十	元	角	分	
附单据　张	合计																		

会计主管：　　　　　　　记账：　　　　　　　复核：　　　　　　　制单：

表9-23   转账凭证

年　月　日　　　　　　　　　　　　字第　号

摘　要	总账科目	明细科目	借方金额									贷方金额									记账√
			十	万	千	百	十	元	角	分	十	万	千	百	十	元	角	分	
附单据　张	合计																		

会计主管：　　　　　　记账：　　　　　　复核：　　　　　　制单：

2. 根据收、付款凭证登记现金日记账和银行存款日记账，如表9-24和表9-25所示。

表9-24   库存现金日记账

年		凭证号数	摘要	对方科目	借方	贷方	借或贷	余额
月	日							

表9-25   银行存款日记账

年		凭证号数	摘要	对方科目	借方	贷方	借或贷	余额
月	日							

3. 根据原始凭证和记账凭证登记各明细分类账户，如表 9-26 至表 9-51 所示（说明："应交税费——应交增值税""本年利润""利润分配""主营业务收入""主营业务成本""销售费用""所得税费用"明细账简化用三栏式明细账登记）。

表 9-26　　　　　　　　　　　　　明细分类账

类别：　　　　　　　品名或规格：　　　　单位：　　　　　　存放地点：

年		凭证号	摘要	收入			发出			结存		
月	日			数量	单价	金额	数量	单价	金额	数量	单价	金额

表 9-27　　　　　　　　　　　　　明细分类账

类别：　　　　　　　品名或规格：　　　　单位：　　　　　　存放地点：

年		凭证号	摘要	收入			发出			结存		
月	日			数量	单价	金额	数量	单价	金额	数量	单价	金额

表 9-28　　　　　　　　　　　　　明细分类账

类别：　　　　　　　品名或规格：　　　　单位：　　　　　　存放地点：

年		凭证号	摘要	收入			发出			结存		
月	日			数量	单价	金额	数量	单价	金额	数量	单价	金额

表 9-29　　　　　　　　　　　　　　　明细分类账

会计科目：

年		凭证号	摘　要	借方	贷方	借或贷	余额
月	日						

表 9-30　　　　　　　　　　　　　　　明细分类账

会计科目：

年		凭证号	摘　要	借方	贷方	借或贷	余额
月	日						

表 9-31　　　　　　　　　　　　　　　明细分类账

会计科目：

年		凭证号	摘　要	借方	贷方	借或贷	余额
月	日						

表 9-32　　　　　　　　　　　　　　　明细分类账

会计科目：

年		凭证号	摘　要	借方	贷方	借或贷	余额
月	日						

表 9-33　　　　　　　　　　　　　　　明细分类账

会计科目：

年		凭证号	摘要	借方	贷方	借或贷	余额
月	日						

表 9-34　　　　　　　　　　　　　　　明细分类账

会计科目：

年		凭证号	摘要	借方	贷方	借或贷	余额
月	日						

表 9-35　　　　　　　　　　　　　　　明细分类账

会计科目：

年		凭证号	摘要	借方	贷方	借或贷	余额
月	日						

表 9-36　　　　　　　　　　　　　　　明细分类账

会计科目：

年		凭证号	摘要	借方	贷方	借或贷	余额
月	日						

表 9-37 　　　　　　　　　　　明细分类账

会计科目：

年		凭证号	摘要	借方	贷方	借或贷	余额
月	日						

表 9-38 　　　　　　　　　　　明细分类账

会计科目：

年		凭证号	摘要	借方	贷方	借或贷	余额
月	日						

表 9-39 　　　　　　　　　　　明细分类账

会计科目：

年		凭证号	摘要	借方	贷方	借或贷	余额
月	日						

表 9-40 　　　　　　　　　　　明细分类账

会计科目：

年		凭证号	摘要	借方	贷方	借或贷	余额
月	日						

表 9-41　　　　　　　　　　　　　　　　明细分类账

会计科目：

年		凭证号	摘要	借方	贷方	借或贷	余额
月	日						

表 9-42　　　　　　　　　　　　　　　　明细分类账

会计科目：

年		凭证号	摘要	借方	贷方	借或贷	余额
月	日						

表 9-43　　　　　　　　　　　　　　　　明细分类账

会计科目：

年		凭证号	摘要	借方	贷方	借或贷	余额
月	日						

表 9-44　　　　　　　　　　　　　　　　明细分类账

会计科目：

年		凭证号	摘要	借方	贷方	借或贷	余额
月	日						

表 9-45　　　　　　　　　　　明细分类账

会计科目：

年		凭证号	摘　要	借方	贷方	借或贷	余额
月	日						

表 9-46　　　　　　　　　　　明细分类账

会计科目：

年		凭证号	摘　要	借方	贷方	借或贷	余额
月	日						

表 9-47　　　　　　　　　　　明细分类账

会计科目：

年		凭证号	摘　要	借方	贷方	借或贷	余额
月	日						

表 9-48　　　　　　　　　　　明细分类账

会计科目：

年		凭证号	摘　要	借方	贷方	借或贷	余额
月	日						

表 9-49　　　　　　　　　　　　　　　　明细分类账

会计科目：

年		凭证号	摘要	借方	贷方	借或贷	余额
月	日						

表 9-50　　　　　　　　　　　　　　　　明细分类账

会计科目：

年		凭证号	摘要	借方	贷方	借或贷	余额
月	日						

表 9-51　　　　　　　　　　　　　　　　明细分类账

年		凭证号	摘要					
月	日							

4. 根据记账凭证编制科目汇总表（10 天汇总一次），如表 9-52 所示。

表 9-52　　　　　　　　　　　　　　　　科目汇总表

年　月　日　　　　　　　　　　　　　　　　　　　　　　　字第　号

会计科目	1 日至 10 号		11 日至 20 号		21 日至 31 号		全月汇总	
	借方	贷方	借方	贷方	借方	贷方	借方	贷方

(续表)

会计科目	1日至10号		11日至20号		21日至31号		全月汇总	
	借方	贷方	借方	贷方	借方	贷方	借方	贷方
合计								

5. 根据科目汇总表登记总分类账户,并进行对账、结账,如表 9-53 至 9-73 所示。(注意:账证核对时,需在记账凭证表 9-8 至表 9-23 上打过账符号√)

表 9-53 　　　　　　　　　　　　　总分类账

会计科目:

年		凭证号	摘　要	借方	贷方	借或贷	余额
月	日						

表 9-54　　　　　　　　　　　　　　　总分类账

会计科目：

年		凭证号	摘要	借方	贷方	借或贷	余额
月	日						

表 9-55　　　　　　　　　　　　　　　总分类账

会计科目：

年		凭证号	摘要	借方	贷方	借或贷	余额
月	日						

表 9-56　　　　　　　　　　　　　　　总分类账

会计科目：

年		凭证号	摘要	借方	贷方	借或贷	余额
月	日						

表 9-57　　　　　　　　　　　　　　　总分类账

会计科目：

年		凭证号	摘要	借方	贷方	借或贷	余额
月	日						

(续表)

年		凭证号	摘 要	借方	贷方	借或贷	余额
月	日						

表 9-58　　　　　　　　　　　　总分类账

会计科目：

年		凭证号	摘 要	借方	贷方	借或贷	余额
月	日						

表 9-59　　　　　　　　　　　　总分类账

会计科目：

年		凭证号	摘 要	借方	贷方	借或贷	余额
月	日						

表 9-60　　　　　　　　　　　　总分类账

会计科目：

年		凭证号	摘 要	借方	贷方	借或贷	余额
月	日						

(续表)

年		凭证号	摘要	借方	贷方	借或贷	余额
月	日						

表 9-61　　　　　　　　　　　　　　　总分类账

会计科目：

年		凭证号	摘要	借方	贷方	借或贷	余额
月	日						

表 9-62　　　　　　　　　　　　　　　总分类账

会计科目：

年		凭证号	摘要	借方	贷方	借或贷	余额
月	日						

表 9-63　　　　　　　　　　　　　　　总分类账

会计科目：

年		凭证号	摘要	借方	贷方	借或贷	余额
月	日						

(续表)

年		凭证号	摘要	借方	贷方	借或贷	余额
月	日						

表 9-64　　　　　　　　　　　总分类账

会计科目：

年		凭证号	摘要	借方	贷方	借或贷	余额
月	日						

表 9-65　　　　　　　　　　　总分类账

会计科目：

年		凭证号	摘要	借方	贷方	借或贷	余额
月	日						

表 9-66　　　　　　　　　　　总分类账

会计科目：

年		凭证号	摘要	借方	贷方	借或贷	余额
月	日						

表 9-67　　　　　　　　　　　　　　总分类账

会计科目：

年		凭证号	摘　要	借方	贷方	借或贷	余额
月	日						

表 9-68　　　　　　　　　　　　　　总分类账

会计科目：

年		凭证号	摘　要	借方	贷方	借或贷	余额
月	日						

表 9-69　　　　　　　　　　　　　　总分类账

会计科目：

年		凭证号	摘　要	借方	贷方	借或贷	余额
月	日						

表 9-70　　　　　　　　　　　　　　总分类账

会计科目：

年		凭证号	摘　要	借方	贷方	借或贷	余额
月	日						

(续表)

年		凭证号	摘要	借方	贷方	借或贷	余额
月	日						

表 9-71　　　　　　　　　　　　　总分类账

会计科目：

年		凭证号	摘要	借方	贷方	借或贷	余额
月	日						

表 9-72　　　　　　　　　　　　　总分类账

会计科目：

年		凭证号	摘要	借方	贷方	借或贷	余额
月	日						

表 9-73　　　　　　　　　　　　　总分类账

会计科目：

年		凭证号	摘要	借方	贷方	借或贷	余额
月	日						

(续表)

年		凭证号	摘 要	借方	贷方	借或贷	余额
月	日						

6. 编制资产负债表和利润表,如表 9-74 和表 9-75 所示。

表 9-74　　　　　　　　　　　　　　资产负债表　　　　　　　　　　　　　　会企 01 表

编制单位:　　　　　　　　　　　　　　年　月　日　　　　　　　　　　　　　单位:元

资产	期末余额	上年年末余额	负债和所有者权益（或股东权益）	期末余额	上年年末余额
流动资产:			流动负债:		
货币资金			短期借款		
交易性金融资产			交易性金融负债		
应收票据			应付票据		
应收账款			应付账款		
预付款项			预收款项		
其他应收款			应付职工薪酬		
存货			应交税费		
一年内到期的非流动资产			其他应付款		
其他流动资产			一年内到期的非流动负债		
流动资产合计			其他流动负债		
非流动资产:			流动负债合计		
债权投资			非流动负债:		
其他债权投资			长期借款		
长期应收款			应付债券		
长期股权投资			长期应付款		
其他权益工具投资			专项应付款		
其他非流动金融资产			预计负债		

(续表)

资产	期末余额	上年年末余额	负债和所有者权益（或股东权益）	期末余额	上年年末余额
投资性房地产			递延所得税负债		
固定资产			其他非流动负债		
在建工程			非流动负债合计		
生产性生物资产			负债合计		
油气资产			所有者权益（或股东权益）：		
无形资产			实收资本（或股本）		
开发支出			资本公积		
商誉			减：库存股		
长期待摊费用			盈余公积		
递延所得税资产			未分配利润		
其他非流动资产			所有者权益（股东权益）合计		
非流动资产合计					
资产总计			负债和所有者权益（或股东权益）总计		

表 9-75　　　　　　　　　　　　　　利 润 表　　　　　　　　　　　　　　会企02表

编制单位：　　　　　　　　　　　　　　年　月　　　　　　　　　　　　　　单位：元

项　目	本月数	本年累计数
一、营业收入		
减：营业成本		
税金及附加		
销售费用		
管理费用		
研发费用		
财务费用		
加：其他收益		
投资收益（损失以"—"号填列）		
净敞口套期收益（损失以"—"号填列）		
公允价值变动收益（损失以"—"号填列）		

(续表)

项　目	本月数	本年累计数
信用减值损失(损失以"－"号填列)		
资产减值损失(损失以"－"号填列)		
资产处置收益(损失以"－"号填列)		
二、营业利润(亏损以"－"号填列)		
加:营业外收入		
减:营业外支出		
三、利润总额(亏损总额以"－"号填列)		
减:所得税费用		
四、净利润(净亏损以"－"号填列)		
五、其他综合收益的税后净额		
六、综合收益总额		
七、每股收益		

项目三　案例分析

任务一　岗位案例

某公司因业务发展需要,从人才市场招聘了具有中专学历的张兵担任会计。刚开始,他勤恳敬业,公司领导和同事都对他的工作很满意。但受到同事在股市赚钱的影响,张兵也开始涉足股市,甚至在上班时间都想着自己的股票,根本无心工作。到月末要编制会计报表时,由于时间紧迫,直接以会计凭证为依据编制会计报表,根本不做账。

问题: 本案例的账务处理程序正确吗?张兵违反了哪些会计职业道德?

任务二　综合案例

资料: E公司2月末有关资料如下:

1."原材料"总账借方余额180 000元,其所属明细账的余额如下:

A材料:1 200千克,每千克60元,计72 000元。

B材料:800千克,每千克90元,计72 000元。

C材料:800千克,每千克45元,计36 000元。

2."应付账款"总账贷方余额:152 000元,其所属明细账的贷方余额如下:G公司

88 000 元;H 公司 64 000 元。"银行存款"总账和"银行存款日记账"余额均为 600 000 元。

该公司 3 月份发生下列经济业务:

1. 3 月 5 日,从 G 公司购入 A 材料 2 000 千克,每千克 60 元,计 120 000 元;B 材料 1 200 千克,每千克 90 元,计 108 000 元。材料已验收入库,货款尚未支付。

2. 3 月 7 日,车间生产 D 产品领用 A 材料 2 800 千克,每千克 60 元,计 168 000 元; B 材料 1 200 千克,每千克 90 元,计 108 000 元。

3. 3 月 23 日,从 H 公司购入 A 材料 1 200 千克,每千克 60 元,计 72 000 元;B 材料 1 600 千克,每千克 90 元,计 144 000 元。材料已验收入库,货款尚未支付。

4. 3 月 31 日,以银行存款偿付前欠 G 公司货款 200 000 元和 H 公司货款 184 000 元。 E 公司的会计人员已经完成了设账、登记期初余额、填制记账凭证、过账、结账以及总账与明细账的核对工作。

要求: 根据以上资料,回答以下 5 个问题:

1. 3 月份设置和登记的明细账、序时账分别是( )本。
A. 5　　　　B. 6　　　　C. 2　　　　D. 1

2. "原材料"总账 3 月末余额为( )元。
A. 444 000　　B. 348 000　　C. 276 000　　D. 12 000

3. "原材料——A 材料"明细账 3 月末余额为( )元。
A. 224 000　　B. 192 000　　C. 168 000　　D. 96 000

4. "银行存款"总账 3 月末余额为( )元。
A. 984 000　　B. 600 000　　C. 384 000　　D. 216 000

5. "原材料——A 材料"明细账 3 月末结存的材料数量为( )千克。
A. 3 200　　　B. 2 800　　　C. 1 600　　　D. 800

任务三　思政案例

审计组在对某公司的会计报表进行检查时,发现该公司的财务会计报告上没有库存商品的科目。于是审计人员顺藤摸瓜,从会计报表查到会计账簿,却发现公司财务人员将生产成本账户直接结转到主营业务成本账户,然后找到相应的会计凭证,发现有一笔这样的分录:借记"主营业务成本"账户,贷记"生产成本"账户,金额是 512 000 元。询问该公司的财务人员,其承认了这一做法。

问题: (1) 该公司的财务人员的行为是否符合账务处理程序?这样做的目的是什么? 违反了哪些会计职业道德?

(2) 如何进行正确的账务处理?

模块十　会计工作组织

项目一　基础知识积累

任务一　单项选择题

模块十习题答案

练习要求：根据题意,选择正确答案(每小题备选答案中,只有一个符合题意的正确答案)。

1. 《中华人民共和国会计法》明确规定,管理全国会计工作的部门是(　　)。
   A. 财政部　　　　　　　　　　　B. 国务院
   C. 注册会计师协会　　　　　　　D. 全国人民代表大会及其常务委员会
2. 关于非集中核算组织形式,下列说法中正确的是(　　)。
   A. 车间级会计部门只负责登记原始记录和填制原始凭证
   B. 车间级会计部门负责独立组织本车间的全套会计循环
   C. 总分类核算和对外报表应由厂级会计部门集中进行
   D. 以上说法都不对
3. 会计人员的职责中不包括(　　)。
   A. 进行会计核算　B. 实行会计监督　C. 编制预算　　D. 决定经营方针
4. 在国有大中型企业,领导和组织企业会计工作和经济核算工作的是(　　)。
   A. 注册会计师　　B. 厂长　　　　　C. 总会计师　　D. 高级会计师
5. 我国现行的《会计法》修订的时间是(　　)。
   A. 2000年　　　B. 2017年　　　C. 2001年　　　D. 1993年
6. 会计人员对不真实、不合法的原始凭证应(　　)。
   A. 予以退回　　B. 更正补充　　　C. 无权自行处理　D. 不予受理
7. 企业年度会计报表的保管期限为(　　)。
   A. 5年　　　　B. 10年　　　　　C. 30年　　　　D. 永久

8. 会计人员办理交接手续,必须有监交人负责监交,其中会计机构负责人办理交接手续,其监交人是( )。

A. 会计机构负责人　B. 单位负责人　　C. 财政部门领导　　D. 其他会计人员

9. 会计档案的保管期限起算日期为( )。

A. 会计年度终了后的第一天　　　B. 会计年度的最后一天

C. 会计年度中的任一天　　　　　D. 会计年度结束的最后一天

10. 行政法规的制定与颁布的部门是( )。

A. 全国人大　　　B. 国务院　　　C. 财政部　　　D. 各级地方政府

任务二　多项选择题

练习要求:根据题意,选择正确答案(每小题备选答案中,有两个或两个以上符合题意的正确答案)。

1. 会计工作的组织形式包括( )。

A. 科目汇总表核算形式　　　　　B. 集中核算形式

C. 汇总记账凭证核算形式　　　　D. 非集中核算形式

2. 在非集中核算形式下,二级核算单位的核算内容包括( )。

A. 填制原始凭证　　　　　　　　B. 进行明细分类核算

C. 进行总分类核算　　　　　　　D. 编制内部报表

3. 合理地组织企业的会计工作,能够( )。

A. 提高会计工作的效率　　　　　B. 提高企业整体管理水平

C. 有利于加强企业单位的内部经济责任制　D. 有利于维护好财经法纪

4. 会计档案的定期保管期限有( )。

A. 3 年　　　B. 5 年　　　C. 10 年　　　D. 30 年

5. 下列内容属于会计档案的有( )。

A. 会计凭证　　　　　　　　　　B. 会计账簿

C. 会计档案保管清册　　　　　　D. 银行存款余额调节表

6. 会计规范的特征包括( )。

A. 普遍性　　　B. 约束性　　　C. 地域性　　　D. 发展性

7. 会计法规是指由国家制定或认可,并由国家强制实施的有关会计工作( )的总称。

A. 法律　　　B. 规则　　　C. 条例　　　D. 制度

8. 下列各项中,属于会计职业道德规范特点的有( )。

A. 职业性　　　B. 规范性　　　C. 自觉性　　　D. 综合性

9. 爱岗敬业要求会计人员（　　）。

A. 安心本职岗位　　B. 忠于职守　　C. 尽心尽力　　D. 尽职尽责

10. 会计人员坚持准则，不仅是对（　　）负责也是对单位负责人负责。

A. 法律　　B. 国家　　C. 社会公众　　D. 单位领导

任务三　不定项选择题

练习要求：根据题意，选择正确答案（每小题备选答案中，有一个或一个以上符合题意的正确答案）。

1. 下列内容中不属于廉洁自律基本要求的是（　　）。

A. 公私分明、不贪不占　　　　　　B. 熟悉准则、坚持准则

C. 遵纪守法、抵制不正之风　　　　D. 不贪污挪用、不监守自盗

2. 我国会计专业技术职务分别规定为（　　）。

A. 高级会计师　　B. 会计师　　C. 助理会计师　　D. 会计员

3. 下列经济业务事项，应当办理会计手续，进行会计核算的有（　　）。

A. 款项和有价证券的收付　　　　　B. 财务的收发、增减和使用

C. 债权债务的发生和结算　　　　　D. 资本、基金的增减

4. 我国会计人员职业道德的内容包括（　　）。

A. 爱岗敬业　　B. 诚实守信　　C. 客观公正　　D. 提高技能

5. 会计规范的基本特征不包括（　　）。

A. 普遍性　　B. 约束性　　C. 地域性　　D. 组织性

6. 总会计师应由具有（　　）的技术职称的人员担任。

A. 会计员　　B. 助理会计师　　C. 会计师　　D. 高级会计师

7. 会计机构负责人的直系亲属不得在本单位的会计机构中担任（　　）工作。

A. 成本会计　　B. 出纳　　C. 审计　　D. 预算编制

8. 会计行政法规是根据会计法律制定，是对会计法律的具体化或对某个方面的补充，一般称为（　　）。

A. 法律　　B. 规则　　C. 条例　　D. 制度

9. （　　）是会计人员干好本职工作的基础和条件，是其应具备的基本道德素质。

A. 爱岗敬业　　B. 诚实守信　　C. 廉洁自律　　D. 客观公正

10. 出纳工作岗位的具体职责包括（　　）。

A. 办理库存现金收付和银行结算业务　　B. 登记库存现金、银行存款日记账

C. 保管库存现金和各种有价证券　　　　D. 保管有关空白收据和空白支票

任务四　判断辨析题

练习要求： 判断每小题的表述是否正确。（正确打"√"，错误打"×"，并在辨析处写出正确答案）。

1. 国务院和财政部主管全国会计档案工作。　　　　　　　　　　　　（　　）

    辨析：

2. 《会计法》明确规定，国务院直接管理全国各地区的会计工作。　　（　　）

    辨析：

3. 担任会计机构负责人的应当具备会计师以上专业技术职务资格或者从事会计工作三年以上经历。　　　　　　　　　　　　　　　　　　　　　　（　　）

    辨析：

4. 会计人员应当具备必要的专业知识，熟悉国家有关法律、法规、规章和国家统一会计制度，遵守职业道德。　　　　　　　　　　　　　　　　　　　（　　）

    辨析：

5. 国有的和国有资产占控股地位或者主导的大中型企业必须设置高级会计师。
　　　　　　　　　　　　　　　　　　　　　　　　　　　　　　　（　　）

    辨析：

6. 单位领导人的直系亲属不得在本单位担任出纳。　　　　　　　　　（　　）

    辨析：

7. 从会计规范的形成看，可以分为两大类：一类是在实践中自发形成的，另一类是人们通过一定程序方式制定的。　　　　　　　　　　　　　　　　　（　　）

    辨析：

8. 会计职业道德规范是根据会计职业的特点提出的，要求会计人员在会计活动中应普遍遵循的职业道德要求，它贯穿于整个资金循环过程中。　　　　　（　　）

    辨析：

9. 会计行政法规是根据会计法律制定，是对会计法律的具体化或对某个方面的补充，一般称为条例。　　　　　　　　　　　　　　　　　　　　　　（　　）

辨析：

10. 客观公正，要求会计人员在处理业务过程中，严格按照会计法律制度办事，不为主观或他人意志左右。　　　　　　　　　　　　　　　　　　　　　　（　　）

辨析：

项目二　专业技能训练

任务一　会计工作组织核算形式

根据集中核算形式和非集中核算形式的优缺点，填写表 10-1。

表 10-1　　　　　　　　集中核算形式和非集中核算形式的优缺点

项目	集中核算形式	非集中核算形式
优点		
缺点		

任务二　会计机构与会计人员设置

根据会计人员和总会计师职责，用直线正确连接以下内容。

会计人员	建立健全经济核算制度 进行会计核算 编制和执行预算、财务收支计划、信贷计划 实行会计督导
总会计师	编制业务计划及财务预算，并考核、分析其执行情况 进行成本费用预测、计划、控制、预算、分析和考核 制定本单位办理会计事项的具体办法 利用财务会计资料进行经济活动分析

任务三　会计规范体系构成

我国会计规范体系由三个层次构成,按照规范的强制力排列,完成表 10-2 的填写。

表 10-2　　　　　　　　　　会计规范体系构成

层级	制定部门	举例
会计法律		
行政法规		
部门规章		

任务四　会计法律与会计职业道德区别

根据会计法律与会计职业道德的主要区别,完成表 10-3 的填写。

表 10-3　　　　　　　　会计法律与会计职业道德的主要区别

区别	会计法律制度	会计职业道德
性质不同		
作用范围不同		
实现形式不同		
实施保障机制不同		

项目三 案例分析

任务一 岗位案例

陈丽薇是某企业人事部门领导,曾面试了一位财务部门的求职者。这位求职者在专业技术、管理方面的素质都相当出色,但在面谈之余,他试探性地表示,被录用后他可以把原来公司的多个产品成本计算表带过来,并且声明,那些工作是他下班之后整理的,老板并不知道。结果这位求职者没有被录用。

问题:这位求职者没有被录用的原因是什么?

任务二 综合案例

华中公司是一家国有企业。2023年3月,该公司出纳李丽辞职,财务科科长范保国将自己的女儿范晓红调到公司担任出纳;李丽与范晓红自行办理了工作交接手续,并到人力资源部顺利地办理了调转手续。不久后,该公司兼管会计档案的徐小平因病请长假,得到批准。公司决定,徐小平的档案管理工作由出纳范晓红兼任。4月,华中公司从宝甜公司购买产品一批,价款总计为50万元。宝甜公司收到华中公司的货款后,其出纳人员为华中公司开具发票,在填写发票时,将50万元误填为5万元。华中公司出纳范晓红为了方便省事,自己在该发票上将5万元更正为50万元。6月25日,华中公司有一批保管期满的会计档案,按规定需要销毁。华中公司档案管理部门编制了会计档案销毁清册,档案管理部门负责人万国涛在会计档案销毁清册上签字,并于当天对档案进行了销毁。2023年6月28日,市财政部门会同审计部门,一同要求对华中公司财务工作进行例行检查。华中部门会计科工作人员以领导目前在外出差为由,要求推迟检查工作。

问题:请指出案例中存在的违规现象,说明依据。

任务三 思政案例

许振超是青岛港(集团)有限公司职工,从1968年参加工作,他干一行、爱一行、精一行,靠追求卓越、敬业报国的主人翁意识和开拓进取、求真务实的创业精神,带领自己的团队,创造出了世界一流的集装箱装卸效率。

许振超始终抱定了"争就要争世界第一"的志向,对技术操作精益求精,练出"一钩准"的操作水平和"无声响操作"的绝活儿。2001年,他承担起青岛港新型桥吊安装现场总指挥的重任、接受任务后他买了10箱方便面,连续40多天没有回家,坚持工作在码头一线,每天在寒风里一干就是十五六个小时。许振超就是凭着这种艰苦奋斗、顽强拼搏的精神,带领工友胜利完成了任务、为青岛港的集装箱业务的发展赢得了宝贵的时间和机遇。

许振超非凡的业绩得益于他时刻把学习作为"第一需要",他坚信"知识改变命运,学习成就未来",数十年如一日,不论在什么岗位上、他坚持工作需要什么就学习什么,总是带着问题去学习。他说:"一个人可以没有文凭,可以不进大学,却不能没有知识。人要活出质量,就要孜孜不倦地学习,这样才不枉宝贵的一生。"

问题: 许振超的做法和想法体现了什么职业道德?

(资料来源:中国就业培训指导中心.职业道德[M].北京:中央广播电视大学出版社,2007:97.)

综合测试题

综合测试题一

一、单项选择题(每题1分,共20分)

1. 记账凭证核算组织程序下登记总分类账的依据是( )。
   A. 记账凭证　　　B. 日记账　　　C. 报表　　　D. 原始凭证

2. 资产负债表是反映企业( )财务状况的会计报表。
   A. 某一特定日期　　B. 一定时期内　　C. 某一年份内　　D. 某一月份内

3. 在利润表中,对主营业务和其他业务合并列示,而将各项利润单独列示,这一做法体现了( )。
   A. 真实性原则　　　　　　　　B. 配比原则
   C. 权责发生制原则　　　　　　D. 重要性原则

4. 填列资产负债表"期末余额"栏各个项目时,下列说法中正确的是( )。
   A. 主要是根据有关账户的期末余额记录填列
   B. 主要是根据有关账户的本期发生额记录填列
   C. 大多数项目根据有关账户的期末余额记录填列,少数项目则根据发生额记录填列
   D. 少数项目根据有关账户的期末余额记录填列,大多数项目则根据发生额记录填列

5. 对于现金的清查,应将其结果及时填列( )。
   A. 盘存单　　　　　　　　　B. 实存账存对比表
   C. 现金盘点报告表　　　　　D. 对账单

6. 对财产物资的收发都有严密的手续,且在会计账簿中有连续的记载便于确定结存的制度是( )。
   A. 实地盘存制　　B. 权责发生制　　C. 永续盘存制　　D. 收付实现制

7. 核销存货的盘盈时,应贷记的会计科目是( )。
   A. "管理费用"科目　　　　　　B. "营业外收入"科目
   C. "待处理财产损溢"科目　　　D. "其他业务收入"科目

8. 银行存款日记账的收入方除了根据银行存款收款凭证登记,有时还要根据( )。

A. 银行存款付款凭证登记　　　　　B. 现金收款凭证登记
C. 现金付款凭证登记　　　　　　　D. 转账凭证登记

9. 记账后,如果发现记账错误是由于记账凭证所列示的会计科目错误和金额错误引起的,可采用的更正错账方法是(　　)。
   A. 红字更正法　　B. 划线更正法　　C. 补充登记法　　D. AB均可

10. 下列选项中,适用于总分类账的外表形式的是(　　)。
    A. 订本式　　　　B. 活页式　　　　C. 多栏式　　　　D. 数量金额式

11. 下列项目中,不属于会计凭证的是(　　)。
    A. 发货票　　　　B. 领料单　　　　C. 购销合同　　　D. 住宿费发票

12. 下列选项中,应编制转账凭证的业务是(　　)。
    A. 支付购买材料价款　　　　　　B. 支付材料运杂费
    C. 收回出售材料款　　　　　　　D. 车间领用材料

13. 填制原始凭证时应做到大小写数字符合规范,填写正确。如大写金额"壹仟零壹元伍角整",其小写应为(　　)。
    A. 1 001.50 元　　B. ￥1 001.50　　C. ￥1 001.50 元　　D. ￥1 001.5

14. 下列不属于盘存账户的是(　　)。
    A. "固定资产"账户　　　　　　　B. "原材料"账户
    C. "应收账款"账户　　　　　　　D. "库存商品"账户

15. 债权债务结算账户的贷方登记(　　)。
    A. 债权的增加　　　　　　　　　B. 债务的增加,债权的减少
    C. 债务的增加　　　　　　　　　D. 债务的减少,债权的增加

16. 下列支出属于资本性支出的是(　　)。
    A. 支付职工工资　　　　　　　　B. 支付当月水电费
    C. 支付本季度房租　　　　　　　D. 支付固定资产买价

17. 确定会计核算工作空间范围的前提条件是(　　)。
    A. 会计主体　　　　　　　　　　B. 持续经营
    C. 会计分期　　　　　　　　　　D. 货币计量

18. 下列各项中属于流动负债的是(　　)。
    A. 应付债券(1年以上到期)　　　B. 预收账款
    C. 应收及预付款　　　　　　　　D. 存货

19. 企业所拥有的资产从财产权利归属来看,一部分属于投资者,另一部分属于(　　)。
    A. 企业职工　　　B. 债权人　　　　C. 债务人　　　　D. 企业法人

20. 会计在反映各单位经济活动时主要使用的是(　　)。
    A. 货币量度和劳动量度　　　　　B. 劳动量度和实物量度

C. 实物量度和其他量度　　　　　　D. 货币量度和实物量度

二、多项选择题(每题2分,共10分,多选、少选、错选均不得分)

1. 在利润表中应列入"税金及附加"项目中的税金有(　　)。
   A. 增值税　　　B. 消费税　　　C. 城市维护建设税　D. 教育费附加
2. 按清查范围不同,可将财产清查分为(　　)。
   A. 全面清查　　B. 局部清查　　C. 内部清查　　D. 外部清查
3. 对账的内容包括(　　)。
   A. 账证核对　　B. 账表核对　　C. 账实核对　　D. 账账核对
4. 下列各项中,属于一次原始凭证的有(　　)。
   A. 限额领料单　B. 领料单　　　C. 领料汇总表　D. 购货发票
5. 企业的费用具体表现为一定期间(　　)。
   A. 现金的流出　　　　　　　　　B. 企业其他资产的减少
   C. 企业负债的增加　　　　　　　D. 银行存款的流出

三、判断题(每题1分,共10分)

(　)1. 多借多贷的会计分录会使账户之间的对应关系变得模糊不清。

(　)2. 企业的财务会计报告分为年度、半年度、季度和月度财务会计报告。

(　)3. 对在银行存款清查时出现的未达账项,可编制银行存款余额调节表来调整,该表是调节账面余额的原始凭证。

(　)4. 为了反映和监督各单位在财产清查过程中查明的各种资产的盈亏及报经批准后的转销数额,应设置"待处理财产损溢"账户,该账户属于负债类账户。

(　)5. 平行登记要求总账与其相应的明细账必须同一时刻登记。

(　)6. 订本式账簿的优点是适用性强,便于汇总,可以根据需要开设,利于会计分工,提高工作效率。

(　)7. 从银行提取现金时,按规定可以编制现金收款凭证。

(　)8. 各种原始凭证的填制,都应由会计人员填写,非会计人员不得填写,以保证原始凭证填制的正确性。

(　)9. 与所有者权益相比,债权人无权参与企业的生产经营、管理和收益分配,而所有者则相反。

(　)10. 期间费用是资产的耗费,它与一定的会计期间相联系,而与生产哪一种产品无关。

四、计算题(每题10分,共20分)

1. 资料:2023年4月30日,京连有限责任公司银行存款日记账余额为108 000元,开户银行对账单余额为100 800元。假定企业和银行双方记账没有错误。经核对,存在以下未达账项:

(1) 30 日,委托银行代收的货款 32 800 元,银行已收款入账,但企业尚未收到收款通知。

(2) 30 日,企业购买一批材料,开出转账支票 11 500 元给销货方,持票人尚未到银行办理转账手续。

(3) 30 日,企业销售产品收到转账支票 18 700 元,已作银行存款增加,但银行尚未入账。

(4) 30 日,银行代扣企业水费 2 800 元,付款通知尚未到达企业。

(5) 30 日,企业开出转账支票偿还上月购料欠款 15 000 元,持票人尚未到银行办理转账手续。

(6) 30 日,银行代扣财产保险费 45 000 元,付款通知尚未到达企业。

要求:根据上述资料编制银行存款余额调节表。

银行存款余额调节表

2023 年 4 月 30 日   单位:元

项 目	金额	项 目	金额
企业银行存款日记账余额		开户银行对账单余额	
加:银收企未收 减:银付企未付		加:企收银未收 减:企付银未付	
调节后存款余额		调节后存款余额	

2. 京连有限责任公司 2023 年 4 月 30 日部分账户余额如下表所示。

部分账户余额

单位:元

账户	方向	金额	账户	方向	金额
库存现金	借方余额	7 800	累计折旧	贷方余额	209 000
银行存款	借方余额	601 200	坏账准备	贷方余额	9 000 ☆
应收账款 ——A 公司 ——B 公司	借方余额 (借方余额) (借方余额)	99 000 (53 000) (46 000)	预收账款 ——E 公司 ——F 公司	贷方余额 (贷方余额) (借方余额)	20 000 (40 000) (20 000)
固定资产	借方余额	939 000	本年利润	贷方余额	764 000
			利润分配	借方余额	20 000

注:坏账准备是按应收账款年末余额的一定比例计提的。

要求:根据上述资料计算资产负债表部分项目的"期末数"。

(1) 货币资金。

(2) 应收账款。

(3) 预收账款。

(4) 固定资产。

(5) 未分配利润。

五、业务题(每笔分录2分,共40分)

资料:京连有限责任公司为增值税一般纳税人,本月发生以下经济业务。

1. 收到投资者投入企业专利权,投资双方确认的价值为400 000元,相关手续已经办妥。

2. 从银行取得期限为8个月的借款200 000元,并存入银行。

3. 上述借款的年利率为6%,计算提取本月的借款利息,利息尚未支付。

4. 企业购入生产用不需要安装的甲设备一台,买价为85 000元,增值税为11 050元,另支付运杂费1 250元,保险费为250元(假设运杂费、保险费不考虑增值税),全部款项已用银行存款支付。

5. 从尚德工厂购进甲材料4 800千克,每千克30元,增值税进项税额为18 720元,款项采用商业汇票结算,京连公司开出并承兑半年期商业承兑汇票一张,材料尚在途中。

6. 本月仓库发出材料一批,其数量及用途为:甲材料25 000元,其中生产A产品耗用13 000元,生产B产品耗用10 000元,车间一般耗用2 000元;乙材料16 000元,其中生产A产品耗用7 000元,生产B产品耗用5 000元,车间一般耗用3 000元,企业行政管理部门一般耗用1 000元。

7. 月末分配工资费用32 000元,其中:生产A产品工人工资为12 000元,生产B产品工人工资为11 000元,车间管理人员工资为4 000元,企业行政管理人员工资为5 000元。

8. 由银行转账支付本月办公费,其中车间办公费为500元,行政管理部门办公费为1 000元。

9. 将本月发生的制造费用按A、B两种产品的生产工时比例在两种产品之间分配(其中A产品生产工时为1 000小时,B产品生产工时为600小时),经计算A产品应分配7 250元,B产品应分配4 350元。

10. 本月生产的A产品全部完工,并验收入库,结转其实际生产成本40 930元。

11. 按合同赊销给阳光公司A产品一批,开具增值税专用发票总价款为130 000元,增值税税额为16 900元,用库存现金帮长城公司代垫运杂费1 000元,产品已发出。款项尚未收到。

12. 结转已售A产品实际销售成本为75 000元。

13. 用银行存款支付本公司产品广告费20 000元。

14. 计提本月应交城市维护建设税1 000元,应交教育费附加700元。

15. 销售原材料一批,售价1 000元,增值税税额为130元,款项收到,存入银行。

16. 结转已售原材料的销售成本400元。

17. 在财产清查中发现,盘亏 A 材料一批,价值为 1 000 元,原因待查。

18. 将本期实现的主营业务收入 320 000 元、其他业务收入 20 000 元、投资净收益 10 000 元、营业外收入 10 000 元转入"本年利润"账户。

19. 将本期的主营业务成本 200 000 元、其他业务成本 13 000 元、税金及附加 1 700 元、销售费用 15 000 元、管理费用 25 000 元、财务费用 3 000 元、营业外支出 5 000 元转入"本年利润"账户。

20. 年终,将本年实现的净利润 19 000 元由"本年利润"账户转入"利润分配——未分配利润"账户。

要求:根据以上经济业务编制会计分录,涉及"应交税费"账户要求写出明细账及专栏名称。

综合测试题二

一、单项选择题(每题1分,共20分)

1. 会计主体是( )。
   A. 企业单位　　　　　　　　　　　B. 法律主体
   C. 企业法人　　　　　　　　　　　D. 企业为之服务的特定单位
2. 《企业会计准则第14号——收入》规定,企业的日常经营收入不包括( )。
   A. 销售商品的收入　　　　　　　　B. 提供劳务的收入
   C. 他人使用本企业资产取得的收入　D. 捐赠获得的收入
3. 账户的基本结构是指( )。
   A. 账户的具体格式　　　　　　　　B. 账户中登记增减金额的栏次
   C. 账户登记的日期　　　　　　　　D. 账户登记的经济内容
4. 在利润表中,利润总额(假设没有纳税调整事项)减( ),为企业的净利润。
   A. 股利分配数　　　　　　　　　　B. 所得税费用数
   C. 提取盈余公积数　　　　　　　　D. 向投资者分配利润
5. 下列各项费用中,不能直接记入"生产成本"账户的是( )。
   A. 构成产品实体的原材料费用　　　B. 生产工人的工资
   C. 车间管理人员的薪酬　　　　　　D. 生产工人的福利费
6. 资产负债表是反映企业( )财务状况的会计报表。
   A. 某一特定日期　　　　　　　　　B. 一定时期内
   C. 某一年份内　　　　　　　　　　D. 某一月份内
7. 会计计量属性的种类不包括( )。
   A. 计划成本　　B. 现值　　C. 可变现净值　　D. 重置成本
8. 银行存款日记账的收入方除了根据银行存款收款凭证登记,有时还要根据( )。
   A. 银行存款付款凭证登记　　　　　B. 现金付款凭证登记
   C. 现金收款凭证登记　　　　　　　D. 转账凭证登记
9. 在记账无误的情况下,造成银行对账单和银行存款日记账不一致的原因是( )。
   A. 应付账款　　B. 应收账款　　C. 未达账项　　D. 外埠存款
10. 记账凭证核算组织程序下登记总分类账的根据是( )。
    A. 原始凭证　　B. 日记账　　C. 报表　　D. 记账凭证
11. 我们一般将企业所有者权益中的盈余公积和未分配利润称为( )。
    A. 实收资本　　B. 资本公积　　C. 所有者权益　　D. 留存收益
12. 下列费用中,不构成产品成本,而应直接计入当期损益的是( )。

A. 直接材料费　　B. 期间费用　　C. 直接人工费　　D. 制造费用

13. 下列属于"利润分配"明细账户,最终结转后有余额的账户是(　　)。
   A. "盈余公积补亏"明细账户　　B. "未分配利润"明细账户
   C. "应付现金股利"明细账户　　D. "提取资本公积"明细账户

14. 下列项目中,不应计入企业销售费用的是(　　)。
   A. 专设销售机构人员的工资　　B. 专设销售机构设备折旧费
   C. 销售产品的广告费　　D. 代买方垫付的运杂费

15. "生产成本"账户如有借方余额,按其用途结构分类属于(　　)。
   A. 对比账户　　B. 集合分配账户
   C. 盘存账户　　D. 跨期摊配账户

16. 下列属于反映利润形成情况的账户是(　　)。
   A. "利润分配"账户　　B. "本年利润"账户
   C. "制造费用"账户　　D. "管理费用"账户

17. 企业基本生产车间主任和技术人员等车间管理人员的薪酬费用,应计入(　　)。
   A. 生产成本　　B. 制造费用　　C. 管理费用　　D. 销售费用

18. 下列选项中,应编制转账凭证的业务是(　　)。
   A. 支付购买材料价款　　B. 支付材料运杂费
   C. 收回出售材料款　　D. 车间领用材料

19. 期末,根据会计账簿记录,计算并记录各账户的本期发生额和期末余额,在会计上称为(　　)。
   A. 结账　　B. 对账　　C. 调账　　D. 查账

20. 核销存货的盘盈时,应贷记的会计科目是(　　)。
   A. "管理费用"科目　　B. "营业外收入"科目
   C. "待处理财产损溢"科目　　D. "其他业务收入"科目

二、多项选择题(每题2分,共10分,多选、少选、错选均不得分)

1. 下列各项内容中,不应计入管理费用的有(　　)。
   A. 行政管理部门办公楼的折旧费　　B. 生产设备的折旧费
   C. 生产车间的水电费　　D. 专设销售机构设备折旧费

2. 记账凭证编制的依据可以有(　　)。
   A. 一次凭证　　B. 收付款凭证　　C. 累计凭证　　D. 汇总原始凭证

3. 账簿按用途不同可分为(　　)。
   A. 序时账簿　　B. 分类账簿　　C. 活页式账簿　　D. 备查账簿

4. 常用的实物财产清查方法包括(　　)。
   A. 实地盘点法　　B. 函证核对法　　C. 技术推算法　　D. 抽样盘点法

5. 下列会计账簿属于订本式的有( )。
A. 银行日记账　　　B. 现金日记账　　　C. 总分类账　　　D. 应收账款明细账

三、判断题(每题1分,共10分)

(　)1. 会计主体是指企业法人。

(　)2. 制造费用和管理费用不同,本期发生的管理费用直接影响本期损益,而本期发生的制造费用不一定影响本期损益。

(　)3. 为了反映和监督各单位在财产清查过程中查明的各种财产的盈亏及报经批准后的转销数额,应设置"待处理财产损溢"账户,该账户属于负债类账户。

(　)4. 资产负债表是反映企业在一定时期内的资产、负债和所有者权益情况的报表。

(　)5. 每一个会计循环一般都是在一个特定的会计期间内完成的。

(　)6. 企业接受捐赠的资产是收入。

(　)7. 企业产生的利得或损失可能计入当期损益,也可能直接计入所有者权益。

(　)8. 企业用支票支付购货款时,应通过"应付票据"账户进行核算。

(　)9. 企业对于确实无法支付的应付账款,应在确认时增加企业的资本公积。

(　)10. 企业向投资人分配股票股利不需要进行账务处理。

四、计算题(每题10分,共20分)

1. 资料:利和股份公司期初负债总额2 000 000元,实收资本1 600 000元,资本公积160 000元,盈余公积120 000元,未分配利润120 000元。本期发生亏损400 000元,用盈余公积弥补亏损80 000元。企业期末资产总额为3 960 000元,本期内实收资本和资本公积没有发生变化。(前3小题每题3分,第4小题1分)

要求: 计算下列内容

(1) 公司年末的未分配利润。

(2) 公司年初的所有者权益总额。

(3) 公司年末的所有者权益总额。

(4) 公司年末的负债总额。

2. 资料:A公司为增值税一般纳税人,2023年3月,以银行存款购入甲、乙两种材料:甲材料5 000千克,单价为100元,买价共500 000元,增值税税额为65 000元;乙材料3 000千克,单价为200元,买价共600 000元,增值税税额为78 000元;购入甲、乙两种材料一共发生外地运杂费4 000元(不考虑增值税),全部款项通过银行转账支付,材料已验收入库。

要求: 根据以上资料完成下列小题的计算。(每小题2分,共10分)

(1) 以材料重量为分配标准,列式计算分配率。

(2) 列式计算甲材料应负担的运杂费。

(3) 列式计算乙材料应负担的运杂费。

(4) 列式计算甲材料的实际采购成本。

(5) 列式计算乙材料的实际采购成本。

五、业务题(每笔分录2分,共40分)

资料:京连有限责任公司为增值税一般纳税人,某月发生以下经济业务。

1. 从银行提取现金600元。

2. 收到投资者投资一台价值23 000元的新机器。

3. 厂长出差回来报销差旅费2 000元,原借款为2 500元,余款退回现金。

4. 用现金为厂部购买办公用品一批,共计300元。

5. 购买甲材料一批,按实际成本计价,价款为20 000元,运杂费为800元,增值税税额为2 600元,货款暂欠,材料尚未入库。

6. 上述甲材料已验收入库,办理完入库手续。

7. 生产A产品领用甲材料7 000元。

8. 发出材料汇总表记录中,耗用甲材料,其中:生产产品耗用24 800元,车间一般耗用3 000元,厂部一般耗用1 800元。

9. 短款的现金200元经查实,系出纳人员工作失误造成,经决定由出纳员赔偿。

10. 计算本月应付职工工资100 000元,其中生产A产品的工人工资为40 000元,生产B产品的工人工资为30 000元,车间管理人员工资为20 000元,企业管理部门人员工资为10 000元。

11. 上述工资转账发放到职工工资卡里。

12. 提取车间机器折旧费4 000元。

13. 结转本月发生的制造费用为15 000元。其中:A产品应负担9 000元,B产品应负担6 000元。

14. 支付银行短期借款利息3 000元,其中本月1 000元,另2 000元为上两个月计提的利息。

15. 部分产品完工入库,实际生产成本30 000元。

16. 销售A产品,价款为100 000元,增值税税额为13 000元,款项尚未收到。

17. 结转本月销售A产品成本25 000元。

18. 开出转账支票支付广告费1 700元。

19. 盈余公积转增资本30 000元。

20. 开出转账支票,缴纳企业所得税8 000元。

要求:根据以上经济业务编制会计分录,涉及"应交税费"账户要求写出明细账及专栏名称。

综合测试题三

一、单项选择题（每小题2分，共20分）

1. 下列属于外来原始凭证的是（　　）。
   A. 入库单　　　　　　　　　　B. 发料汇总表
   C. 银行收账通知单　　　　　　D. 出库单

2. 下列项目中，对企业利润表的"营业利润"项目没有影响的是（　　）。
   A. 税金及附加　　B. 投资收益　　C. 其他业务收入　　D. 营业外收入

3. 企业为生产产品领用原材料而填制的限额领料单属于（　　）。
   A. 累计凭证　　B. 汇总原始凭证　　C. 一次凭证　　D. 外来原始凭证

4. 利润表是反映企业在（　　）经营成果的会计报表。
   A. 某一特定日期　　B. 某一月份内　　C. 某一年份内　　D. 一定会计期间

5. 对"原材料""库存商品"账户的明细核算，应采用的账页格式是（　　）。
   A. 三栏式　　　B. 数量金额式　　C. 横线登记式　　D. 多栏式

6. 直接根据各种记账凭证逐笔登记总分类账的账务处理程序是（　　）。
   A. 汇总记账凭证账务处理程序　　　B. 科目汇总表账务处理程序
   C. 记账凭证账务处理程序　　　　　D. 日记总账账务处理程序

7. 结账前发现，记账凭证上的应借应贷科目正确，但所记金额大于应记金额，并据以登记入账，对此应采用的更正方法是（　　）。
   A. 补充登记法　　B. 划线更正法　　C. 蓝字订正法　　D. 红字更正法

8. 在财产清查中若发现盘亏的原材料是属于自然损耗产生的定额内合理损耗，应于批准后记入（　　）。
   A. "管理费用"账户借方　　　　B. "营业外支出"账户贷方
   C. "管理费用"账户贷方　　　　D. "其他应收款"账户借方

9. 企业应当按照交易或事项的经济实质进行会计确认、计量和报告，不应仅以交易或事项的法律形式为依据。这一会计信息质量要求体现了（　　）要求。
   A. 实质重于形式　　B. 可比性　　C. 一贯性　　D. 客观性

10. 引起资产内部一个项目增加，另一个项目减少，而资产总额不变的经济业务是（　　）。
    A. 用银行存款偿还短期借款　　　　B. 收到投资者投入的机器一台
    C. 从银行提取现金备用　　　　　　D. 计提短期借款利息费用

二、多项选择题（每小题2分，共10分）

1. 某企业为增值税一般纳税人，其外购原材料的实际采购成本应包括（　　）。

A. 原材料的买价　　B. 外地运杂费　　C. 进口材料的关税　D. 增值税

2. 常用的实物财产清查方法包括(　　)。

A. 实地盘点法　　B. 技术推算法　　C. 函证核对法　　D. 永续盘存法

3. 企业发出材料,编制记账凭证可能涉及的会计科目有(　　)。

A. "原材料"科目　　B. "在途物资"科目　C. "生产成本"科目　D. "管理费用"科目

4. 下列错误中,无法通过试算平衡表发现的有(　　)。

A. 某项经济业务未入账　　　　　　B. 某项经济业务重复入账

C. 借贷双方同时多记金额　　　　　D. 应借应贷账户借贷方颠倒

5. 下列选项中,属于"税金及附加"科目核算的税费是(　　)。

A. 增值税　　　　　　　　　　　　B. 消费税

C. 城市维护建设税　　　　　　　　D. 教育费附加

三、判断题(每小题1分,共10分)

(　　)1. 制造费用、管理费用以及直接材料、直接人工等构成了产品的制造成本。

(　　)2. 会计科目和会计账户所反映的经济内容相同,说明会计科目就是会计账户,会计账户也就是会计科目,两者没有什么区别。

(　　)3. 对于从银行提取现金的业务,为避免重复记账,一般只编制付款凭证,不编制收款凭证。

(　　)4. 编制任何一张记账凭证都要附有原始凭证。

(　　)5. 为了加强管理,企业的各种总分类账及所属的明细分类账均应采用订本账形式。

(　　)6. "资产＝负债＋所有者权益"这一会计等式是编制资产负债表的理论依据。

(　　)7. 法律主体必然是会计主体,但会计主体不一定就是法律主体。

(　　)8. 采用科目汇总表账务处理程序,各种总分类账及所属的明细分类账都应根据科目汇总表登记。

(　　)9. 企业按月计提短期借款利息时,应借记"财务费用"账户,贷记"应付利息"账户。

(　　)10. 库存现金日记账是由会计人员根据审核无误的有关转账凭证、收款凭证和付款凭证,序时逐日逐笔地登记的。

四、计算题(每小题10分,共20分)

1. 资料:2×23年4月30日,某企业银行存款日记账账面余额为6 500元,银行对账单余额为10 000元。经核对,存在以下未达账项:

(1) 28日,银行代付公用事业费2 500元,企业尚未收到付款通知未入账。

(2) 29日,企业委托银行代收货款5 000元,银行已收款入账,但企业未收到收款通知尚未入账。

(3) 30日,企业销售产品收到转账支票6 000元,已送存银行,银行尚未入账。

(4) 30日,企业开出转账支票偿还上月购料欠款7 000元,持票人尚未到银行办转账手续。

要求:根据上述资料编制银行存款余额调节表。将表中①至⑩的空格处填上相关项目内容和金额。(每空1分,共10分)

银行存款余额调节表

2×23年4月30日   单位:元

项目	金额	项目	金额
企业银行存款日记账余额	6 500	银行对账单余额	10 000
加:(①)	(⑤)	加:(③)	(⑦)
减:(②)	(⑥)	减:(④)	(⑧)
调节后存款余额	(⑨)	调节后存款余额	(⑩)

2. 某企业2×23年4月30日部分账户余额如下表所示。

                                                                                                    单位:元

账户	方向	金额	账户	方向	金额
库存现金	借方余额	2 500	累计折旧	贷方余额	20 000
银行存款	借方余额	12 000	坏账准备	贷方余额	500 ☆
应收账款 ——甲公司 ——乙公司	 借方余额 (借方余额) (借方余额)	7 000 (5 000) (2 000)	预收账款 ——丙公司 ——丁公司	 贷方余额 (贷方余额) (借方余额)	3 000 (4 000) (1 000)
固定资产	借方余额	90 000	本年利润	贷方余额	65 000
			利润分配	借方余额	25 000

注:☆坏账准备是按应收账款年末余额的一定比例计提的。

要求:根据上述资料,列式计算资产负债表以下项目的"期末数"。(每项目2分,共10分)

(1) "货币资金"项目期末数。

(2) "应收账款"项目期末数。

(3) "固定资产"项目期末数。

(4) "预收款项"项目期末数。

(5) "未分配利润"项目期末数。

五、业务题(每小题2分,共40分)

资料:光明有限责任公司为增值税一般纳税人,2×23年12月发生部分经济业务如下。

1. 接受M公司投入的一项专利权,投资双方评估确认价值为50 000元。

2. 向 H 公司购买甲材料一批,增值税专用发票上注明的价款为 60 000 元,增值税税额为 7 800 元,签发并承兑了一张 2 个月期限面值为 67 800 元的商业汇票来结算款项,材料尚未验收入库。

3. 上述业务中从 H 公司购买的甲材料已运到并验收入库,结转其实际采购成本。

4. 根据发料凭证汇总表,结转发出原材料(甲材料)实际成本 18 000 元,其中:生产 A 产品耗用 6 000 元,生产 B 产品耗用 5 000 元,基本生产车间一般耗用 4 000 元,行政管理部门耗用 3 000 元。

5. 开出转账支票,委托银行代发上月职工薪酬(工资)25 000 元。

6. 向 N 公司购入一台不需安装的设备,增值税专用发票上注明的价款为 54 000 元,增值税税额为 7 020 元,包装运杂费等为 1 000 元,款项尚未支付。

7. 计提本月固定资产折旧 8 500 元,其中:车间用固定资产折旧 5 000 元,行政管理部门用固定资产折旧 3 500 元。

8. 用银行存款支付本月的修理费 5 500 元,其中:车间设备修理费 3 000 元,行政管理部门修理费为 2 000 元,销售部门修理费为 500 元。

9. 分配结转本月按车间归集的制造费用 7 500 元,其中:分配给 A 产品负担 4 000 元,分配给 B 产品负担 3 500 元。

10. 结转本月已完工并验收入库的 A 产品完工总成本 39 000 元,B 产品尚未完工。

11. 按合同销售 A 产品一批给 K 公司,开出增值税专用发票注明价款为 20 000 元,增值税销项税额为 2 600 元,产品已发出,款项尚未收到。

12. 结转上述已售 A 产品的销售成本 6 000 元。

13. 计提本月应交城市维护建设税 5 300 元,应交教育费附加 1 700 元,税款尚未支付。

14. 企业进行财产清查,发现盘亏现金 800 元,原因待查。(作批准前的会计分录)

15. 经查明,上述业务中盘亏的现金 800 元属于出纳林峰的责任,应由出纳林峰赔偿 800 元。

16. 张明出差回来,报销差旅费 3 500 元,原暂借款 4 000 元,余款现金 500 元公司已收回。

17. 本公司通过银行转账支付违约金 2 500 元给 F 公司。

18. 月末,结转本月实现的各项收益 63 500 元,其中:主营业务收入为 60 000 元,投资净收益为 2 000 元,营业外收入为 1 500 元。

19. 月末,结转本月实现的各项费用 45 000 元,其中:主营业务成本为 20 000 元,税金及附加为 7 000 元,管理费用为 15 000 元,销售费用为 500 元,营业外支出为 2 500 元。

20. 年终,按本年实现净利润的 10% 提取法定盈余公积 9 700 元。

要求:根据以上经济业务编制相应的会计分录,涉及的"应交税费"账户和"利润分配"账户需写出相应的明细科目。

综合测试题四

一、单项选择题（每小题2分，共20分）

1. 会计的基本职能包括（　　）。
   A. 控制与决策　　B. 预测与控制　　C. 反映与监督　　D. 监督与控制

2. 确定会计核算工作空间范围的前提条件是（　　）。
   A. 会计主体　　B. 持续经营　　C. 会计分期　　D. 货币计量

3. 某企业2020年6月份发生如下费用：计提车间用固定资产折旧30万元，发生车间管理人员薪酬110万元，支付销售产品的广告费80万元，计提短期借款利息60万元，支付行政管理部门办公费20万元，则该企业本期的期间费用总额为（　　）万元。
   A. 160　　B. 210　　C. 270　　D. 300

4. 某企业为增值税一般纳税人，2×23年应交的各种税费分别为：增值税税额为800万元，消费税税额为300万元，城市维护建设税税额为60万元，企业所得税税额为300万元，上述各种税金记入"税金及附加"账户的金额为（　　）万元。
   A. 360　　B. 660　　C. 1160　　D. 1460

5. 将现金存入银行的业务应编制（　　）。
   A. 收款凭证　　B. 付款凭证　　C. 转账凭证　　D. 以上均可

6. 下列选项中，适用于银行存款日记账的外表形式是（　　）。
   A. 数量金额式　　B. 多栏式　　C. 订本式　　D. 活页式

7. 企业开出支票2 530元购买办公用品，编制记账凭证时，误记金额为2 350元，并已将错误的金额登记入账，此时，应采用的错账更正方法是（　　）。
   A. 红字冲销180元　　　　　　　B. 补充登记180元
   C. 在会计账簿中划线更正　　　　D. 把错误凭证撕掉重编

8. 银行存款清查的方法是（　　）。
   A. 实地盘点法　　　　　　　　B. 银行存款日记账与对账单核对
   C. 技术推算法　　　　　　　　D. 抽样盘存法

9. 在下列会计报表中，属于反映企业对外的静态报表的是（　　）。
   A. 利润表　　　　　　　　　　B. 所有者权益变动表
   C. 现金流量表　　　　　　　　D. 资产负债表

10. 在科目汇总表核算组织程序下，登记总分类账的依据是（　　）。
    A. 原始凭证　　B. 记账凭证　　C. 汇总记账凭证　　D. 科目汇总表

二、多项选择题（每小题2分，共10分）

1. 下列选项中，属于企业所有者权益组成部分的有（　　）。

A. 实收资本　　　B. 资本公积　　　C. 盈余公积　　　D. 未分配利润

E. 应付股利

2. 下列属于会计信息质量特征的有（　　）。

A. 可靠性　　　　B. 相关性　　　　C. 重要性　　　　D. 谨慎性

E. 历史成本计量

3. 下列各项中，属于一次原始凭证的有（　　）。

A. 领料汇总表　　B. 限额领料单　　C. 收料单　　　　D. 购货发票

E. 汇总收款凭证

4. 银行存款日记账的登记依据一般为（　　）。

A. 现金收款凭证　　　　　　　　　B. 现金付款凭证

C. 银行存款收款凭证　　　　　　　D. 银行存款付款凭证

E. 转账凭证

5. 全面清查的对象包括（　　）。

A. 货币资金　　　　　　　　　　　B. 各种实物资产

C. 往来款项　　　　　　　　　　　D. 在途材料

E. 委托加工的物资

三、判断题（每小题 1 分，共 10 分）

（　）1. 会计六要素中既有反映财务状况的要素，也含反映经营成果的要素。

（　）2. 企业本月收到上月产品销售收入 20 000 元，已存入银行，在权责发生制下，不确认为本月的收入。

（　）3. 账户按提供资料的详细程度不同可分为总分类账户和明细分类账户。

（　）4. "累计折旧"账户借方登记增加额，贷方登记减少额，期末若有余额一般在借方。

（　）5. 企业用转账支票支付购货款时，应通过"应付票据"账户进行核算。

（　）6. 大写金额"人民币壹仟零壹元伍角整"，其小写金额为"1001.5 元"。

（　）7. 记账凭证只能根据一张原始凭证编制。

（　）8. 订本式账簿是指在记完账后，把记过账的账页装订成册的会计账簿。

（　）9. 银行存款余额调节表不能作为调整账面余额的原始凭证。

（　）10. 利润表中的"营业收入"项目反映企业经营主要业务和其他业务所取得的收入总额。

四、计算题（每小题 10 分，共 20 分）

1. 分配制造费用并计算 A、B 两种产品的生产成本（每小题 2 分，共 10 分）

资料：卓越有限责任公司 2×23 年 5 月份生产车间生产 A、B 两种产品，本月发生的生产费用如下表所示。

本月发生的生产费用　　　　　　　　　　　　　　　　　　　　　　　　　　　　单位:元

产品名称	直接材料	直接人工	制造费用
A产品	342 500	232 000	620 000
B产品	236 500	168 000	

要求:计算下列项目金额。

(1) 以"直接人工费"作为分配标准,列式计算制造费用分配率。

(2) 列式计算A产品负担的制造费用。

(3) 列式计算B产品负担的制造费用。

(4) 列式计算A产品的生产成本。

(5) 列式计算B产品的生产成本。

2. 计算资产负债表部分项目(每小题2分,共10分)

资料:卓越有限责任公司2×23年5月31日部分账户余额如下表所示。

部分账户余额　　　　　　　　　　　　　　　　　　　　　　　　　　　　　　单位:元

账户	方向	金额	账户	方向	金额
库存现金	借方余额	8 500	预付账款 ——A公司 ——B公司	借方余额 (借方余额) (贷方余额)	32 000 (45 000) (13 000)
银行存款	借方余额	765 200
原材料	借方余额	642 300
生产成本	借方余额	436 200
库存商品	借方余额	832 500	应付账款 ——E公司 ——F公司	贷方余额 (贷方余额) (借方余额)	57 000 (82 000) (25 000)
本年利润	贷方余额	820 000
利润分配	借方余额	160 000

要求:根据上述资料列式计算资产负债表以下项目的"期末数"。

(1) "货币资金"项目期末数。

(2) "预付款项"项目期末数。

(3) "存货"项目期末数。

(4) "应付账款"项目期末数。

(5) "未分配利润"项目期末数。

五、业务题(每小题2分,共40分)

1. 卓越公司接受某投资者的投资6 500 000元,其中5 000 000元作为实收资本,另1 500 000元作为资本公积,公司已收到该投资者的投资款并已存入银行,其他手续已办妥。

2. 卓越公司自银行取得偿还期为2年的长期借款650 000元,款项已存入银行。

3. 卓越公司从信达工厂购进甲材料一批,增值税发票注明买价240 000元,增值税进项税额为 31 200 元,企业开出并承兑一张半年期的商业承兑汇票用于款项结算,材料已验收入库。

4. 卓越公司本月仓库发出甲材料一批,其用途为:生产 A 产品耗用 23 000 元,生产 B 产品耗用 18 000 元,车间一般耗用 3 200 元,企业行政管理部门一般耗用 2 800 元。

5. 卓越公司计提本月短期借款利息费用 5 000 元,利息暂未支付。

6. 卓越公司计提本月固定资产折旧费,其中车间固定资产折旧费 3 400 元,企业行政管理部门固定资产折旧费 2 600 元,销售部门固定资产折旧费 2 500 元。

7. 卓越公司将本月发生的制造费用在 A、B 两种产品之间分配,其中 A 产品分配 9 850 元,B 产品分配 6 380 元。

8. 卓越公司本月生产的 A、B 两种产品全部完工并已验收入库,结转其实际生产成本,其中 A 产品完工总成本为 46 250 元,B 产品完工总成本为 38 750 元。

9. 卓越公司向盛昌工厂销售 B 产品一批,价款为 140 000 元,增值税销项税额为 18 200 元,款项先冲销前预收账款 100 000 元,不足的款项对方当即通过银行转账支付。

10. 卓越公司结转上述已售 B 产品的销售成本 52 000 元。

11. 卓越公司销售甲材料一批,售价为 8 000 元,增值税销项税额 1 040 元,款项收到已存入银行。

12. 卓越公司结转上述已售甲材料的销售成本 3 500 元。

13. 卓越公司计提本月应交城市维护建设税 7 800 元,应交教育费附加 6 500 元,税款均暂未支付。

14. 卓越公司进行财产清查,发现现金盘盈 200 元,原因待查。(作批准前的会计分录)

15. 卓越公司对上述盘盈的现金 200 元反复核查,但未查明原因,报经批准后转作"营业外收入"。(作批准后的会计分录)

16. 卓越公司将本期实现的主营业务收入 860 000 元、其他业务收入 65 000 元、投资净收益 32 000 元、营业外收入 24 000 元转入"本年利润"账户。

17. 卓越公司将本期的主营业务成本 380 000 元、其他业务成本 26 000 元、税金及附加 34 000 元、销售费用 28 000 元、管理费用 46 000 元、财务费用 8 500 元、营业外支出 16 500 元转入"本年利润"账户。

18. 卓越公司计提本期应交的所得税费用 110 500 元,税款尚未支付。

19. 卓越公司将本期所得税费用 110 500 元结转至"本年利润"账户。

20. 卓越公司按净利润的 10% 提取法定盈余公积 33 150 元,按净利润的 5% 提取任意盈余公积 16 575 元。

要求:根据以上经济业务编制会计分录,涉及"应交税费"账户要求写出明细账及专栏名称。

综合测试题参考答案

综合测试题一参考答案

一、单项选择题(每题 1 分,共 20 分)

题号	1	2	3	4	5	6	7	8	9	10
答案	A	A	D	A	C	C	A	C	A	A
题号	11	12	13	14	15	16	17	18	19	20
答案	C	D	B	C	B	D	A	B	B	D

二、多项选择题(每题 2 分,共 10 分,多选、少选、错选均不得分)

题号	1	2	3	4	5
答案	BCD	AB	ABCD	BD	ABCD

三、判断题(每题 1 分,共 10 分,对的打"√",错的打"×")

题号	1	2	3	4	5	6	7	8	9	10
答案	√	√	×	×	×	×	×	×	√	√

四、计算题(每题 10 分,共 20 分)

1. (共填写 10 个金额,每个金额 1 分,共 10 分)

银行存款余额调节表

2023 年 4 月 30 日　　　　　　　　　　　　　　　　　　　　单位:元

项目	金额	项目	金额
企业银行存款日记账余额	108 000	开户银行对账单余额	100 800

(续表)

项目	金额	项目	金额
加:银收企未收	32 800	加:企收银未收	18 700
减:银付企未付	2 800	减:企付银未付	11 500
	45 000		15 000
调节后存款余额	93 000	调节后存款余额	93 000

2.（每个算式2分,共10分）

(1) 货币资金＝7 800＋601 200＝609 000(元)

(2) 应收账款＝99 000＋20 000－9 000＝110 000(元)

(3) 预收账款＝40 000(元)

(4) 固定资产＝939 000－209 000＝730 000(元)

(5) 未分配利润＝764 000－20 000＝744 000(元)

五、业务题（每笔分录2分,共40分）

（会计分录完全正确得2分,一方科目正确得1分,会计分录借贷颠倒不得分,会计分录的借贷科目正确但金额错误得1分,"应交税费"明细科目及专栏名称要写完整,其他分录的明细科目可以忽略）

1. 借：无形资产　　　　　　　　　　　　　　　　　　　　400 000
　　　贷：实收资本　　　　　　　　　　　　　　　　　　　　400 000

2. 借：银行存款　　　　　　　　　　　　　　　　　　　　200 000
　　　贷：短期借款　　　　　　　　　　　　　　　　　　　　200 000

3. 借：财务费用　　　　　　　　　　　　　　　　　　　　　1 000
　　　贷：应付利息　　　　　　　　　　　　　　　　　　　　　1 000

4. 借：固定资产　　　　　　　　　　　　　　　　　　　　 86 500
　　　应交税费——应交增值税(进项税额)　　　　　　　　 11 050
　　　贷：银行存款　　　　　　　　　　　　　　　　　　　　 97550

5. 借：在途物资　　　　　　　　　　　　　　　　　　　　144 000
　　　应交税费——应交增值税(进项税额)　　　　　　　　 18 720
　　　贷：应付票据　　　　　　　　　　　　　　　　　　　　162 720

6. 借：生产成本——A产品　　　　　　　　　　　　　　　 20 000
　　　　　　　　——B产品　　　　　　　　　　　　　　　 15 000
　　　制造费用　　　　　　　　　　　　　　　　　　　　　　5 000
　　　管理费用　　　　　　　　　　　　　　　　　　　　　　1 000
　　　贷：原材料——甲材料　　　　　　　　　　　　　　　 25 000
　　　　　　　　——乙材料　　　　　　　　　　　　　　　 16 000

7. 借：生产成本——A产品　　　　　　　　　　　　　　12 000
　　　　　　——B产品　　　　　　　　　　　　　　11 000
　　　制造费用　　　　　　　　　　　　　　　　　　 4 000
　　　管理费用　　　　　　　　　　　　　　　　　　 5 000
　　贷：应付职工薪酬　　　　　　　　　　　　　　　32 000

8. 借：制造费用　　　　　　　　　　　　　　　　　　　500
　　　管理费用　　　　　　　　　　　　　　　　　　 1 000
　　贷：银行存款　　　　　　　　　　　　　　　　　 1 500

9. 借：生产成本——A产品　　　　　　　　　　　　　　 7 250
　　　　　　——B产品　　　　　　　　　　　　　　 4 350
　　贷：制造费用　　　　　　　　　　　　　　　　　11 600

10. 借：库存商品——A产品　　　　　　　　　　　　　　40 930
　　 贷：生产成本——A产品　　　　　　　　　　　　　40 930

11. 借：应收账款　　　　　　　　　　　　　　　　　 147 900
　　 贷：主营业务收入　　　　　　　　　　　　　　 130 000
　　　　 应交税费——应交增值税（销项税额）　　　　16 900
　　　　 库存现金　　　　　　　　　　　　　　　　　1 000

12. 借：主营业务成本　　　　　　　　　　　　　　　　75 000
　　 贷：库存商品　　　　　　　　　　　　　　　　　75 000

13. 借：销售费用　　　　　　　　　　　　　　　　　　20 000
　　 贷：银行存款　　　　　　　　　　　　　　　　　20 000

14. 借：税金及附加　　　　　　　　　　　　　　　　　 1 700
　　 贷：应交税费——应交城市维护建设税　　　　　　 1 000
　　　　　　　　——应交教育费附加　　　　　　　　　 700

15. 借：银行存款　　　　　　　　　　　　　　　　　　 1130
　　 贷：其他业务收入　　　　　　　　　　　　　　　 1 000
　　　　 应交税费——应交增值税（销项税额）　　　　　 130

16. 借：其他业务成本　　　　　　　　　　　　　　　　　400
　　 贷：原材料　　　　　　　　　　　　　　　　　　　400

17. 借：待处理财产损溢——待处理流动资产损溢　　　　 1 000
　　 贷：原材料　　　　　　　　　　　　　　　　　　1 000

18. 借：主营业务收入　　　　　　　　　　　　　　　　　　　　320 000
　　　　其他业务收入　　　　　　　　　　　　　　　　　　　　20 000
　　　　投资收益　　　　　　　　　　　　　　　　　　　　　　10 000
　　　　营业外收入　　　　　　　　　　　　　　　　　　　　　10 000
　　　　贷：本年利润　　　　　　　　　　　　　　　　　　　　360 000

19. 借：本年利润　　　　　　　　　　　　　　　　　　　　　　262 700
　　　　贷：主营业务成本　　　　　　　　　　　　　　　　　　200 000
　　　　　　其他业务成本　　　　　　　　　　　　　　　　　　13 000
　　　　　　税金及附加　　　　　　　　　　　　　　　　　　　1 700
　　　　　　销售费用　　　　　　　　　　　　　　　　　　　　15 000
　　　　　　管理费用　　　　　　　　　　　　　　　　　　　　25 000
　　　　　　财务费用　　　　　　　　　　　　　　　　　　　　3 000
　　　　　　营业外支出　　　　　　　　　　　　　　　　　　　5 000

20. 借：本年利润　　　　　　　　　　　　　　　　　　　　　　19 000
　　　　贷：利润分配——未分配利润　　　　　　　　　　　　　19 000

综合测试题二参考答案

一、单项选择题(每题1分,共20分)

题号	1	2	3	4	5	6	7	8	9	10
答案	D	D	B	B	C	A	A	B	C	D
题号	11	12	13	14	15	16	17	18	19	20
答案	D	B	B	D	C	B	B	D	A	A

二、多项选择题(每题2分,共10分,多选、少选、错选均不得分)

题号	1	2	3	4	5
答案	BCD	ACD	ABD	ABCD	ABC

三、判断题(每题1分,共10分,对的打"√",错的打"×")

题号	1	2	3	4	5	6	7	8	9	10
答案	×	√	×	×	√	×	√	×	×	×

四、计算题(每题10分,共20分)

1. (1) 公司年末的未分配利润=120 000+(-400 000)+80 000=-200 000(元)

    (2) 公司年初的所有者权益总额=1 600 000+160 000+120 000+120 000
    =2 000 000(元)

    (3) 公司年末的所有者权益总额=1 600 000+160 000+(120 000-80 000)+
    (-200 000)
    =1 600 000(元)

    (4) 公司年末的负债总额=年末资产总额-年末所有者权益总额
    =3 960 000-1 600 000=2 360 000(元)

2. (每小题2分,共10分)

    (1) 运杂费的分配率=4 000÷(5 000+3 000)=0.5

    (2) 甲材料应负担的运杂费=5 000×0.5=2 500(元)

    (3) 乙材料应负担的运杂费=3 000×0.5=1 500(元)

    (4) 甲材料的实际采购成本=500 000+2 500=502 500(元)

    (5) 乙材料的实际采购成本=600 000+1 500=601 500(元)

综合测试题参考答案

五、业务题(每笔分录2分,共40分)

(每笔分录完全正确得2分;每笔分录一方科目正确得1分;借方和贷方科目颠倒不得分;每笔分录借贷科目正确,金额错误得1分;"应交税费——应交增值税"精确到三级明细科目。

1. 借:库存现金 600
   贷:银行存款 600

2. 借:固定资产 23 000
   贷:实收资本 23 000

3. 借:管理费用 2 000
   库存现金 500
   贷:其他应收款 2 500

4. 借:管理费用 300
   贷:库存现金 300

5. 借:在途物资 20 800
   应交税费——应交增值税(进项税额) 2 600
   贷:应付账款 23 400

6. 借:原材料 20 800
   贷:在途物资 20 800

7. 借:生产成本 7 000
   贷:原材料 7 000

8. 借:生产成本 24 800
   制造费用 3 000
   管理费用 1 800
   贷:原材料 29 600

9. 借:其他应收款 200
   贷:待处理财产损溢 200

10. 借:生产成本 70 000
    制造费用 20 000
    管理费用 10 000
    贷:应付职工薪酬——工资 100 000

11. 借:应付职工薪酬——工资 100 000
    贷:银行存款 100 000

12. 借：制造费用 　　　　　　　　　　　　　　　　　　　　　4 000
　　　贷：累计折旧 　　　　　　　　　　　　　　　　　　　　　　4 000

13. 借：生产成本——A产品 　　　　　　　　　　　　　　　　　9 000
　　　　生产成本——B产品 　　　　　　　　　　　　　　　　　6 000
　　　贷：制造费用 　　　　　　　　　　　　　　　　　　　　　15 000

14. 借：财务费用 　　　　　　　　　　　　　　　　　　　　　1 000
　　　　应付利息 　　　　　　　　　　　　　　　　　　　　　2 000
　　　贷：银行存款 　　　　　　　　　　　　　　　　　　　　　3 000

15. 借：库存商品 　　　　　　　　　　　　　　　　　　　　　30 000
　　　贷：生产成本 　　　　　　　　　　　　　　　　　　　　　30 000

16. 借：应收账款 　　　　　　　　　　　　　　　　　　　　　113 000
　　　贷：主营业务收入 　　　　　　　　　　　　　　　　　　　100 000
　　　　　应交税费——应交增值税（销项税额） 　　　　　　　　13 000

17. 借：主营业务成本 　　　　　　　　　　　　　　　　　　　25 000
　　　贷：库存商品 　　　　　　　　　　　　　　　　　　　　　25 000

18. 借：销售费用 　　　　　　　　　　　　　　　　　　　　　1 700
　　　贷：银行存款 　　　　　　　　　　　　　　　　　　　　　1 700

19. 借：盈余公积 　　　　　　　　　　　　　　　　　　　　　30 000
　　　贷：实收资本 　　　　　　　　　　　　　　　　　　　　　30 000

20. 借：应交税费——应交所得税 　　　　　　　　　　　　　　8 000
　　　贷：银行存款 　　　　　　　　　　　　　　　　　　　　　8 000

综合测试题三参考答案

一、单项选择题（每小题2分，共20分）

题号	1	2	3	4	5	6	7	8	9	10
答案	C	D	A	D	B	C	D	A	A	C

二、多项选择题（每小题2分，共10分，多选、少选、错选均不得分）

题号	1	2	3	4	5
答案	ABC	ABC	ACD	ABCD	BCD

三、判断题（每小题1分，共10分，对的打"√"，错的打"×"）

题号	1	2	3	4	5	6	7	8	9	10
答案	×	×	√	×	×	√	√	×	√	×

四、计算题（每小题10分，共20分）

1. （每空1分，共10分）

银行存款余额调节表

2×23年4月30日 　　　　　　　　　　　　　　　　　　　　　　单位：元

项目	金额	项目	金额
企业银行存款日记账余额	6 500	银行对账单余额	10 000
加：①银行已收企业未收	（⑤ 5 000 ）	加：③企业已收银行未收	（⑦ 6 000 ）
减：②银行已付企业未付	（⑥ 2 500 ）	减：④企业已付银行未付	（⑧ 7 000 ）
调节后存款余额	（⑨ 9 000 ）	调节后存款余额	（⑩ 9 000 ）

2. （每项目2分，共10分）

(1) "货币资金"项目期末数＝2 500＋12 000＝14 500

(2) "应收账款"项目期末数＝5 000＋2 000＋1 000－500＝7 500

(3) "固定资产"项目期末数＝90 000－20 000＝70 000

(4) "预收款项"项目期末数＝4 000

(5) "未分配利润"项目期末数＝65 000－25 000＝40 000

五、业务题（每小题2分，共40分）

（会计分录的借贷方向、科目和金额都正确得2分；一方科目和金额正确得1分；会计分录的借贷科目正确但金额错误得1分；会计分录借贷方向颠倒或科目全用错得0分；会计分录借贷科目、金额正确,但"应交税费"和"利润分配"账户明细科目没写或没写完整或写错得 1.5 分,其他分录的明细科目可以忽略)

1. 借:无形资产——专利权　　　　　　　　　　　　　　　　　　50 000
    贷:实收资本——M 公司　　　　　　　　　　　　　　　　　50 000

2. 借:在途物资——甲材料　　　　　　　　　　　　　　　　　　60 000
    应交税费——应交增值税(进项税额)　　　　　　　　　　　7 800
    贷:应付票据——H 公司　　　　　　　　　　　　　　　　　67 800

3. 借:原材料——甲材料　　　　　　　　　　　　　　　　　　　60 000
    贷:在途物资——甲材料　　　　　　　　　　　　　　　　　60 000

4. 借:生产成本——A 产品　　　　　　　　　　　　　　　　　　6 000
              ——B 产品　　　　　　　　　　　　　　　　　　5 000
     制造费用　　　　　　　　　　　　　　　　　　　　　　　4 000
     管理费用　　　　　　　　　　　　　　　　　　　　　　　3 000
    贷:原材料——甲材料　　　　　　　　　　　　　　　　　　18 000

5. 借:应付职工薪酬——工资　　　　　　　　　　　　　　　　　25 000
    贷:银行存款　　　　　　　　　　　　　　　　　　　　　　25 000

6. 借:固定资产　　　　　　　　　　　　　　　　　　　　　　　55 000
    应交税费——应交增值税(进项税额)　　　　　　　　　　　7 020
    贷:应付账款——N 公司　　　　　　　　　　　　　　　　　62 020

7. 借:制造费用　　　　　　　　　　　　　　　　　　　　　　　5 000
    管理费用　　　　　　　　　　　　　　　　　　　　　　　　3 500
    贷:累计折旧　　　　　　　　　　　　　　　　　　　　　　8 500

8. 借:管理费用——修理费　　　　　　　　　　　　　　　　　　5 000
    销售费用——修理费　　　　　　　　　　　　　　　　　　　500
    贷:银行存款　　　　　　　　　　　　　　　　　　　　　　5 500

9. 借:生产成本——A 产品　　　　　　　　　　　　　　　　　　4 000
              ——B 产品　　　　　　　　　　　　　　　　　　3 500
    贷:制造费用　　　　　　　　　　　　　　　　　　　　　　7 500

10. 借:库存商品——A 产品　　　　　　　　　　　　　　　　　39 000
     贷:生产成本——A 产品　　　　　　　　　　　　　　　　39 000

11. 借:应收账款——K 公司　　　　　　　　　　　　　　　　　22 600
     贷:主营业务收入——A 产品　　　　　　　　　　　　　　20 000
        应交税费——应交增值税(销项税额)　　　　　　　　　2 600

综合测试题参考答案

12. 借：主营业务成本——A 产品　　　　　　　　　　　　　　6 000
　　　贷：库存商品——A 产品　　　　　　　　　　　　　　　　6 000

13. 借：税金及附加　　　　　　　　　　　　　　　　　　　　　7 000
　　　贷：应交税费——应交城市维护建设税　　　　　　　　　　5 300
　　　　　　　　　——应交教育费附加　　　　　　　　　　　　1 700

14. 借：待处理财产损溢——待处理流动资产损溢　　　　　　　　800
　　　贷：库存现金　　　　　　　　　　　　　　　　　　　　　800

15. 借：其他应收款——林峰　　　　　　　　　　　　　　　　　800
　　　贷：待处理财产损溢——待处理流动资产损溢　　　　　　　800

16. 借：管理费用——差旅费　　　　　　　　　　　　　　　　　3 500
　　　库存现金　　　　　　　　　　　　　　　　　　　　　　　500
　　　贷：其他应收款——张明　　　　　　　　　　　　　　　　4 000

17. 借：营业外支出　　　　　　　　　　　　　　　　　　　　　2 500
　　　贷：银行存款　　　　　　　　　　　　　　　　　　　　　2 500

18. 借：主营业务收入　　　　　　　　　　　　　　　　　　　　60 000
　　　投资收益　　　　　　　　　　　　　　　　　　　　　　　2 000
　　　营业外收入　　　　　　　　　　　　　　　　　　　　　　1 500
　　　贷：本年利润　　　　　　　　　　　　　　　　　　　　　63 500

19. 借：本年利润　　　　　　　　　　　　　　　　　　　　　　45 000
　　　贷：主营业务成本　　　　　　　　　　　　　　　　　　　20 000
　　　　　税金及附加　　　　　　　　　　　　　　　　　　　　7 000
　　　　　管理费用　　　　　　　　　　　　　　　　　　　　　15 000
　　　　　销售费用　　　　　　　　　　　　　　　　　　　　　500
　　　　　营业外支出　　　　　　　　　　　　　　　　　　　　2 500

20. 借：利润分配——提取法定盈余公积　　　　　　　　　　　　9 700
　　　贷：盈余公积——法定盈余公积　　　　　　　　　　　　　9 700

综合测试题四参考答案

一、单项选择题(每小题2分,共20分)

题号	1	2	3	4	5	6	7	8	9	10
答案	C	A	A	A	B	C	B	B	D	D

二、多项选择题(每小题2分,共10分,多选、少选、错选均不得分)

题号	1	2	3	4	5
答案	ABCD	ABCD	CD	BCD	ABCDE

三、判断题(每小题1分,共10分,对的打"√",错的打"×")

题号	1	2	3	4	5	6	7	8	9	10
答案	√	√	√	×	×	×	×	×	√	√

四、计算题(每小题10分,共20分)

1. 分配制造费用并计算甲、乙两种产品的制造成本(每小题2分,共10分)

(1) 制造费用分配率=620 000÷(232 000+168 000)=1.55

(2) A产品负担的制造费用=232 000×1.55=359 600(元)

(3) B产品负担的制造费用=168 000×1.55=260 400(元)

(4) A产品的生产成本=342 500+232 000+359 600=934 100(元)

(5) B产品的生产成本=236 500+168 000+260 400=664 900(元)

(或:A产品制造费用分配率=232 000÷(232 000+168 000)=0.58

B产品制造费用分配率=168 000÷(232 000+168 000)=0.42

A产品负担的制造费用=620 000×0.58=359 600(元)

B产品负担的制造费用=620 000×0.42=260 400(元)

A产品的生产成本=342 500+232 000+359 600=934 100(元)

B产品的生产成本=236 500+168 000+260 400=664 900(元)

2. 计算资产负债表部分项目(每小题2分,共10分)

(1) "货币资金"项目期末数=8 500+765 200=773 700

(2) "预付款项"项目期末数=45 000+25 000=70 000

(3) "存货"项目期末数=642 300+436 200+832 500=1 911 000

(4) "应付账款"项目期末数=13 000+82 000=95 000

(5) "未分配利润"项目期末数=820 000−160 000=660 000

五、业务题(每小题 2 分,共 40 分)

(会计分录的借贷方向、科目和金额都正确得 2 分;一方科目和金额正确得 1 分;会计分录的借贷科目正确但金额错误得 1 分;会计分录借贷方向颠倒或科目全用错得 0 分;会计分录借贷科目、金额正确,但"应交税费"和"利润分配"账户明细科目没写或没写完整或写错得 1.5 分,其他分录的明细科目可以忽略)

1. 借:银行存款　　　　　　　　　　　　　　　　6 500 000
     贷:实收资本　　　　　　　　　　　　　　　　5 000 000
        资本公积　　　　　　　　　　　　　　　　1 500 000

2. 借:银行存款　　　　　　　　　　　　　　　　650 000
     贷:长期借款　　　　　　　　　　　　　　　　650 000

3. 借:原材料　　　　　　　　　　　　　　　　　240 000
     应交税费——应交增值税(进项税额)　　　　　　31 200
     贷:应付票据　　　　　　　　　　　　　　　　271 200

4. 借:生产成本——A 产品　　　　　　　　　　　　23 000
          ——B 产品　　　　　　　　　　　　18 000
     制造费用　　　　　　　　　　　　　　　　　　3 200
     管理费用　　　　　　　　　　　　　　　　　　2 800
     贷:原材料——甲材料　　　　　　　　　　　　47 000

5. 借:财务费用　　　　　　　　　　　　　　　　5 000
     贷:应付利息　　　　　　　　　　　　　　　　5 000

6. 借:制造费用　　　　　　　　　　　　　　　　3 400
     管理费用　　　　　　　　　　　　　　　　　2 600
     销售费用　　　　　　　　　　　　　　　　　2 500
     贷:累计折旧　　　　　　　　　　　　　　　　8 500

7. 借:生产成本——A 产品　　　　　　　　　　　　9 850
          ——B 产品　　　　　　　　　　　　6 380
     贷:制造费用　　　　　　　　　　　　　　　　16 230

8. 借:库存商品——A 产品　　　　　　　　　　　　46 250
          ——B 产品　　　　　　　　　　　　38 750
     贷:生产成本——A 产品　　　　　　　　　　　46 250
              ——B 产品　　　　　　　　　　　38 750

9. 借：预收账款 100 000
　　　银行存款 58 200
　　　贷：主营业务收入 140 000
　　　　　应交税费——应交增值税（销项税额） 18 200

10. 借：主营业务成本 52 000
　　　贷：库存商品 52 000

11. 借：银行存款 9040
　　　贷：其他业务收入 8 000
　　　　　应交税费——应交增值税（销项税额） 1 040

12. 借：其他业务成本 35 00
　　　贷：原材料——甲材料 35 00

13. 借：税金及附加 14 300
　　　贷：应交税费——应交城市维护建设税 7 800
　　　　　　　　　　——应交教育费用附加 6 500

14. 借：库存现金 200
　　　贷：待处理财产损溢 200

15. 借：待处理财产损溢 200
　　　贷：营业外收入 200

16. 借：主营业务收入 860 000
　　　其他业务收入 65 000
　　　投资收益 32 000
　　　营业外收入 24 000
　　　贷：本年利润 981 000

17. 借：本年利润 539 000
　　　贷：主营业务成本 380 000
　　　　　其他业务成本 26 000
　　　　　税金及附加 34 000
　　　　　销售费用 28 000
　　　　　管理费用 46 000
　　　　　财务费用 8 500
　　　　　营业外支出 16 500

18. 借：所得税费用 110 500
　　　贷：应交税费——应交所得税 110 500

19. 借：本年利润　　　　　　　　　　　　　　　　　110 500
    　　贷：所得税费用　　　　　　　　　　　　　　　110 500

20. 借：利润分配——提取法定盈余公积　　　　　　　33 150
    　　　　　　——提取任意盈余公积　　　　　　　16 575
    　　贷：盈余公积——法定盈余公积　　　　　　　33 150
    　　　　　　　——任意盈余公积　　　　　　　16 575